中国共产党诞生地
出版工程

林育南画传

龙华英烈画传系列丛书

中共上海市委党史研究室　龙华烈士纪念馆　编

严亚南　李良明　著

上海人民出版社

龙华英烈画传系列丛书编委会

主　任：严爱云

副主任：曹力奋　王为松

编　委：薛　峰　年士萍　吴海勇　邹　强

出版说明

2021 年是中国共产党成立 100 周年，为回望早期中国共产党人"革命理想高于天"的信仰力量、艰苦卓绝的开拓斗争、舍生取义的无畏牺牲，从中汲取继续奋进的强大精神力量，由中共上海市委宣传部组织，中共上海市委党史研究室、龙华烈士纪念馆编写龙华英烈画传系列丛书，致敬为真理上下求索、为信仰奋斗牺牲的革命先驱们。

上海市龙华烈士陵园（龙华烈士纪念馆）是国民革命、土地革命时期著名英烈人物最为集中的纪念地。在新中国成立前中国共产党产生了 171 位中央委员，其中有 42 人牺牲，在龙华牺牲了 7 位，占六分之一；首届中共中央监察委委员 10 人中有 8 人牺牲，在龙华牺牲了 4 位，占二分之一；其他曾在龙华被押过的革命者更是数以千计。丛书首批选取 11 位英烈，按照其生平脉络，选取若干重要历史事件，配以反映历史背景、切合主题内容、延伸相关阅读的丰富历史图片，以图文并茂的方式叙写龙华英烈们在风雨如晦中筚路蓝缕的艰难寻路、为中国革命披肝沥胆的无畏与牺牲，彰显早期中国共产党人实现救国、救民的初心。

丛书所收录的图片和史料多源自各兄弟省市党史研究室、纪念场馆，以及中共上海市委党史研究室、龙华烈士纪念馆等机构的公开出版物及展陈，或源自英烈后代的珍藏。基本采用历史事件发生时期的老照片，但由于年代久远且条件有限，部分无法直接利用的老照片，或进行必要修复，或通过对现存史料进行考证后重新拍摄。

　　丛书反映内容跨度长、涉及面广、信息量大且年代久远，编写人员虽竭尽全力，但不足和疏漏之处在所难免，敬请广大读者批评指正。

目录

少年立志

LIN YUNAN

白羊山下的比干后人

从湖北武昌光谷出发，经武（汉）黄（石）高速公路，过鄂（州）黄（州）长江大桥，约一个小时，便抵达黄冈市（原黄冈地区）。由黄冈市东行约一刻钟，便进入黄冈市团风（原黄冈县）回龙镇（原回龙区）。1898年12月15日（光绪二十四年冬月初三），林育南出生在回龙镇白羊山下的林家大湾。

位于黄冈县中部的白羊山，是回龙区内最大的山脉，位于大别山南麓，是天柱山所属的五十四峰最南的两峰之一。每逢下雨

林育南（1898—1931）

林家大湾门楼

之前或起雾之日，山中云雾百变，始如牵丝，继似团絮，弥漫浩瀚，有如洪波雾海。海者洋也，故而得名"白洋山"。但后人习惯称之"白羊山"，代代相传，沿用至今。

回龙区林家大湾林氏先祖于明隆庆二年（1568年）从现在的团风县杜皮乡上石门迁居至白羊山。迄今，说起"白羊山人"，村里人都知道，那是林育南给自己起的别号。他为自己生于白羊山下、长于白羊山中而自豪，在他艰难多舛的革命生涯中，常常

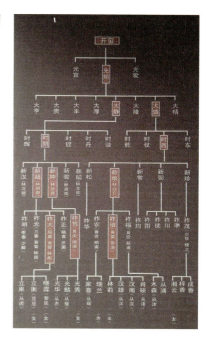

林氏家族世系图

会在给友人的信中署名"白羊山人",以表对家乡的无限眷念。

　　林育南,原名林毓兰,小名祚本,字湘浦,笔名林根、根、相拂、溪石、李少堂、铁峦等。其祖父林志高(号时朗)主要靠种田、织布(板带)为生。因家境贫困,林志高年近三十才娶了寡妇龚氏。龚氏乃贤惠女子,心灵手巧,勤俭持家。夫妻俩终岁劳作,生活渐趋宽裕。由于自觉没有文化,常受乡间士绅欺侮,因而发誓,要让儿孙断文识字,出人头地,光耀门楣。因此,当林育南喃喃学语时,林志高便按"孝父母,和兄弟,教子孙,重诗书，立品行，修家政"等族规，请左邻右舍有文化的人教他读书习字。

　　林育南的父亲林协甫（号新钟），在弟兄中排行第三，读过几年书，写算俱全，后习经商，在汉口黄陂街回龙寺13号开设了林协兴色布行，为黄冈回龙镇一带农民代售布匹。生母华氏，出身于贫苦农民家庭，勤劳俭朴，为人忠厚，在生下林育南13天后便不幸辞世。尽管生母早逝，但心地善良的继母袁昌恒对林育南视如己出，疼爱有加，给予悉心养育和教导。

林育南的父亲林协甫

林氏家族虽以务农及纺织为生，但家族长辈尤为重视族内子弟对于宗族历史的学习。林育南自小就被告知："林姓是个有着悠久历史的姓氏，相传由商朝末年的名臣比干而来。比干原是商朝王室成员，在商纣王时担任少师之职，以忠正敢言知名。纣王昏庸无道，他多次进言匡谏而获罪，被剖心而死。比干夫人陈氏为躲避官兵追杀，逃难于长林石室，生子名坚。周武王讨纣，夫人将坚归周，因生于长林被周武王赐以林姓。林坚为林姓始祖，比干为林姓太始祖。而黄冈的林姓氏族则是福建九牧林六房的后裔。"

或许是受到先祖忠烈刚直性格的感召，也或许是因为深植于荆楚大地深厚的中国传统文化影响，林育南自初蒙之日起，便显示出与众不同、卓尔不群的鲜明个性。

"我要读书！我要读书！"

1904 年，林育南虚岁 6 岁。

春节过后，私塾开学了。看着堂兄们背着书包兴高采烈地去上学，林育南羡慕至极。他跑到祖父林时朗跟前，拉着他的手，央求着也要读书。

慈祥的祖父看着孙儿孱弱的身子，抚摸着他的头说："你现在还小，身体又弱，再等一年吧！"可林育南已急不可待，吵嚷着说："我要读书！我要读书！"

祖父俯身抱起孙儿，亲着他的脸说："好孩子，要听话，明年再送你上学。"林育南见祖父不答应，急得大哭。第二天，他避开祖父，偷偷跟在去私塾上学的堂兄们身后，与他们"捉迷藏"。堂兄们走，他便走；堂兄们停，他也停。走到学堂，他不敢进去，只能伫立窗下偷偷听课。

塾师在里面教学生读"子曰，学而时习之，不亦说乎"，他就在窗外跟着念，微弱的声音与室内琅琅的读书声汇合在一起，令他兴奋不已，嗓门渐高，胆子也大起来。为了能看见塾师，他捡来石块垒起了一尺来高的小台子，站在上面，探头向里望。结果垫脚的石头没放稳当，没站一会儿就坍塌了，他摔倒在地，脚被石块划破，出了不少血。塾师得知此事，了解原委后深受感动，便破格收下了这个小学生。

林育南在这所离家近两里的私塾读了约两年后，8岁便转到了东乡的一所私塾继续求学。东乡塾师李卓侯，是我国著名地质学家李四光的父亲。他是晚清秀才，早年参加同盟会，思想进步，学识渊博，极富正义感，在当地颇有声望。他除了教学生读书写字外，还经常给孩子们讲述《水浒传》及岳飞、文天祥、洪秀全等历史人物的故事。年幼的林育南常常听得入迷，内心渴慕着成为像他们那样的英雄人物。

一个深秋的早晨，寒气袭人，林育南穿着新做的夹衣和布鞋去上学。下午放学回家，他的新衣和布鞋却不见了。祖父问他："你的新衣和布鞋呢？"林育南答："放在学堂忘了带回。"可是一连几天，祖父仍不见他将新衣和布鞋穿回来。

祖父十分好奇，跑到学校打听究竟。原来，林育南把自己的新衣和布鞋送给了家境比他困难的孩子。听闻此事，祖父心中暗自为宅心仁厚、有着侠义心肠的孙儿感到高兴，但是也严肃批评了他不该撒谎。林育南见祖父未有责备之意，也就坦然承认了错误。

在学习上，林育南十分刻苦，成绩也很优异。每天天刚蒙蒙亮，他便起床炒碗干饭，吃罢去上学，每天往返十余里。无论是骄阳似火的盛夏，还是鹅毛雪飘的寒冬，他从不旷课，读过的书大都能背得下来。李卓侯先生看出他是棵好苗子，教了几年后，便对其祖父说："你孙儿是我平生最得意的弟子！不过，庭院里养不出千里驹，还是让他到外面去见见世面，进一步深造吧！"

1911 年，林育南考入了黄州东路模范小学。彼时，辛亥革命已经爆发，黄州城里涌动着革命热潮。林育南受此鼓舞，断然剪去辫子，邀请思想进步的同学一道宣传民主共和思想。可是不久，袁世凯窃国称帝，民主共和竟成画饼，中国又陷入了沉沉黑暗中。

此时的林育南感到了深深的忧虑和惆怅，同当时许多爱国学生一样，他忧国忧民，胸中积聚着仇恨帝国主义和封建军阀的满腔怒火，渴望着为灾难深重的国家和受苦受难的百姓探求一条通向未来的光明大道。他认为自己的学识还很肤浅，立志储学备能，以寻救国良方。

"挥其慧剑，招我国魂"

1915 年秋，林育南考入私立武昌中华大学中学部，被编在第三班。是年，他 17 岁。

私立武昌中华大学校门

陈时（1891—1953）

中华大学校长陈时先生，是我国著名的教育家，曾留学日本，致力于将中华大学办成日本早稻田大学一类的新式学校。该校分大学、中学等，男女生近千人，开设博物、地理、西洋史、英文、日文等新学课程。然而，这点"新学"，被袁世凯复辟帝制、尊孔读经的"浓烟毒雾"几乎吹得一干二净。

历史的车轮终非一两个复辟狂所能阻挡。是年9月，代表中国人民新觉醒的新文化运动，以《新青年》杂志（陈独秀主编，创刊号为《青年》杂志，从第二卷改为《新青年》）问世为标志，蓬勃地发展起来。"要科学，要民主"的呼号以排山倒海之势、雷霆万钧之力席卷全中国，使广大进步青年血脉偾张、激情满怀。

林育南一跨进中华大学，就感受到了新文化运动所带来的思想激荡。校内有位剃光头、戴近视眼镜、穿蓝布长衫的大学部哲学门学生，常在学校里和社会上发表演说。林育南对他极为敬佩，从同班好友沈光耀处得知，他就是武汉新文化运动的先驱之一——恽代英。

恽代英是沈光耀的二姐夫。1914年10月，恽代英的首篇论文《义务论》在《东方杂志》第11卷第4号上发表，在全国学

恽代英（1895—1931）

术界引起强烈反响。林育南久慕其名，经沈光耀介绍，入学不久便结识了恽代英。

在恽代英的影响下，林育南积极投身新文化运动。1917年，他先后撰写了《福泽谕吉教人以独立自尊之道论》《送友留学美洲序》和《春日游鹦鹉洲记》三篇文章。当时正在负责编辑中华大学学报——《光华学报》的恽代英读罢文章，激动不已，便将这三篇作文列为优秀作文刊登在该报第2年第2期和第3期上。

在《福泽谕吉教人以独立自尊之道论》中，他极力推崇福泽谕吉的"独立自尊"之说。他认为："独立自尊者，凭一己之思想意志能力，毅然直往，不待外人之干涉监督劝告而后然也。"此论对国民，强调"盖以其良知良能为权衡，以陶冶其品格，完成其高尚人格为目的"。此时的林育南信奉"立品救国"论，他认为要振兴中华民族，首先要使每个国民立志修养品德，整个社会若做到有"公德""公心"，社会风俗就会发生变化，恶势力就将被善势力所代替，国家就会昌盛起来。因此，在这篇文章中，他要求人们发扬泰山不移的精神，"不为外物所移，不为流俗所染，磊落光明，卓然树立"，此乃独立自尊的"真精神也"。在林育南看来，独立自尊并非"自傲""独善其身"，而是具有爱国的"责任心""博爱心"，"谋人群之幸福，尽卫国之义务"。"己

《光华学报》封面

本大學國文成績

福澤諭吉教人以獨立自尊之道論

林彜蘭

林育南撰写的《福泽谕吉教人以独立自尊之道论》

立立人，己达达人，以一己独立自尊之精神，推之于人人，使人人能独立自尊。以人人独立自尊之精神，推之于国家，使国家独立自尊。"只有这样，国家才能不为列强所侵凌。同时，林育南还指出，独立自尊之说，并非出自福泽谕吉，我国的先贤圣哲早已"发明光大而昌其说矣"。遗憾的是"先贤圣哲"的后裔并未领悟这人生的真谛，以致造成中国今日任人宰割的惨痛局面。

在送别好友吴子虚赴美洲留学之际，他撰写了《送友留学美洲序》。林育南在文中指出："二十世纪之世界，学术竞争之时代也，优胜劣败，公例昭然，欲立国于斯世，而无学术以自胜，危乎殆尽。"那么，具有"五千年之文明史"和"四百兆之神胄"的中华民族，为何总是遭列强的侵凌呢？他深思后的结论是：中国在学术上落伍了。中国欲强盛，必须振其精神，发扬志气，取人之长，补己之短，光己之长，攻人之短，这样，学术必昌，国势必强。而青年们则必须发扬艰苦卓绝的猛勇精神，奋力赶上去，他热切地期待着有朝一日能"神龙云济，黄鹄羽丰，振衣于千仞冈，濯足于万里流，挥其慧剑，招我国魂"。

《春日游鹦鹉洲记》则是篇游记，记载了林育南与同窗好友春游鹦鹉洲时，在汉处士祢衡墓前凭吊怀古时心中激荡的豪情。

他在这篇游记中热情讴歌了祢衡不事权贵，蔑视豪门，不为一时之穷辱而苟且偷生的崇高气节，认为："男儿当流芳百世，一时之穷辱何伤，使正平而附曹也，则亦华歆之流耳，安能屈豪杰志士？"

这三篇文章不仅记录了林育南求学早期殚精竭虑探寻救国良方的思想轨迹，亦表现了他刚直不阿、高洁忠勇的性格特征。从"立品救国"到"教育救国"再到"学术救国"，他在理论探索的道路上开始逐步认识到：空有理论而没有实践，救国只是一句空话。

"伺候国家、伺候社会"

1917年10月8日，恽代英和挚友黄负生、冼百言、梁绍文组织了一个小团体。当时，他们对无政府主义产生极大兴趣，故而取他们所崇拜的克鲁泡特金所著《互助论》的"互助"两字，将该团体定名为互助社，宗旨是"群策群力，自助助人"。这是武汉地区第一个进步团体，也是全国最早的进步团体之一。

互助社成立的消息，在学生中不胫而走。10月22日夜晚，林育南怀着激动的心情，在沈光耀的陪同下来到恽代英家，参加互助社会议。

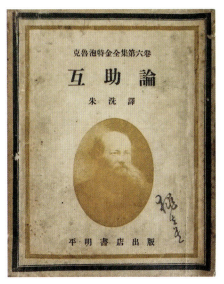

克鲁泡特金的
《互助论》

会上，社员们首先各自汇报了自己一日的经过，主要是自我反省是否做到不嫖、不赌、不吸烟、不饮酒、不说谎、考试不带夹带等，以及做了哪些助人的事。然后社员们彼此开展批评，互相帮助。最后社员们齐声诵读互励文：

我平心静气，代表我们大家说，以我们的良心做见证。我们今天来，报告了、商量了一切事情。我们所说的，都是出于我们的真心。我们都晓得：今天我们的国家，是在极危险的时候，我们是世界上最羞辱的国民。我们立一个决心，当尽我们所能尽的力量，做我们所应做的事情，我们不应该懒惰，不应该虚假，不应该不培养自己的人格，不应该不帮助我们的朋友，不应该忘记伺候国家、伺候社会。我们都晓得：我们不是没有能力，国家的事情不是没有希望。我们散会以后，在明天聚会以前，还盼望有个有价值的报告。因为我们从这以后，是实行的时候了。

　　见此情形，林育南热血涌起，"伺候国家、伺候社会"不正是自己日夜期盼的事么。会后，他留下来与恽代英促膝长谈。恽代英向他详细介绍了自互助社成立以来"结社的益处"，林育南听后大为感动，立即要求入社。恽代英本就极为欣赏林育南，当即同意接受他为社员。送别林育南后，恽代英在日记中写道："林君毓兰颇有志之士，不易得。"五天后，他在日记中又一次称赞道："湘浦为人颇足与有为，其自知之明，待人之恰当，盖笃实而又高明，非吾之所及也。有此良友，甚为自慰。"11月24日，恽代英在日记中再次对林育南给予高度评价："湘浦能助人，又能自治，甚不易得。"自此，两位相见恨晚、惺惺相惜的战友将革命友谊贯穿了彼此一生。

　　林育南参加互助社不久，他的同学杨理恒、汤济川、萧鸿翥、胡业裕、刘仁静、郑遵芳、郑兴焕等也陆续加入。一年后，

1918 年 6 月 19 日，互助社成员合影（前排左起：汤济川、柏立恒、恽代英、林育南、肖人鹄、刘仁静）

互助社发展到 5 组 19 人。在恽代英的带领下，互助社成员开始积极投身火热的爱国运动。

　　1918 年 5 月中旬，段祺瑞政府与日本帝国主义签订共同防敌军事协定。消息传到武汉，江城人民立即掀起了反对卖国条约的爱国运动。恽代英和林育南等互助社社员，分赴武昌各商店，调查日货，编印国货调查录，广为散发，号召国民抵制日货。为表示爱国决心，他们用中国理发工具剃成小平头，称其为"爱国头"。他们身体力行地提倡国货，身上穿的是中国土布缝制的衣服，脸盆等生活用品全是中国货。即便在散发的传单上，他们也不忘注明"这是中国纸"。在互助社的推动下，武汉地区各学校进步学生纷纷行动起来，走上街头，投身爱国运动。

互助社的活动，吸引了校内外许多进步青年。湖北省立第一师范和武昌外国语学校的学生慕名前去参观学习，返校后，分别

1918 年至 1919 年 2 月，在私立武昌中华大学求学时剃着"爱国头"的林育南

建立了学生团和端风团等进步团体。中华大学 6 名同学到互助社参观后，组织了以"互助督促我们的学术精进、道德纯洁，而真正为我"为宗旨的为我社。林育南感到该社有"自私自利的独善主义"倾向，为帮助他们改变这种倾向，他和唐际盛、卢斌等互助社社员先后加入为我社，并将社名改为日新社，希望该社如春天的阳光促使万物滋长，蓬勃发展。日新社在林育南的带动下，一扫"为我""独善主义"的风气，生机勃勃地健康发展起来。

为促进武汉地区爱国运动的广泛开展，恽代英、林育南等以互助社为核心，分别又建立了许多其他进步小团体。如恽代英、余家菊、廖焕星等组织的仁社，林育南和黄冈籍同学建立的黄社。林育南还是健学会和诚社的成员。刘仁静、汤济川也组织了辅仁社等。这些小团体密切配合，在武汉三镇积极开展宣传活动和组织工作，为推动武汉新文化运动和爱国运动发挥了重大作用。

"誓死不做亡国奴"

1919 年 5 月 4 日，北京爱国学生掀起了反帝爱国革命风暴。这一风暴迅猛席卷全国。

此时的林育南是中华大学中学部的应届高中毕业生，面临着攸关个人前途选择的关键时刻。但是，在国家危亡之秋，他将个人得失置之脑后，毅然投入反帝救国运动。5 月 6 日，北京五四爱国运动的消息传到武汉。林育南激动不已，立即找恽代英商量

1919 年 5 月 4 日下午 1 时许，北京 3000 余学生齐集天安门前示威游行，要求收回山东特权、拒绝在巴黎和会上签字、废除"二十一条"、抵制日货等

如何发动武汉学生起来斗争，并印制了 600 份《四年五月七日之事》传单。

翌日，是袁世凯与日本帝国主义签订"二十一条"卖国条约的"五七"国耻四周年纪念日。这天，武汉"各机关各学校均放假一天，以示不忘"。中华大学为鼓励尚武精神，振扬国雄而举行运动会。湖北督军王占元以"防有暴动"下达了临时戒严令。顿时，武昌街衢充满了紧张、恐怖的气氛。

然而，林育南毫不畏惧，一大早便和互助社的社员们来到大操场。当运动会高潮时，他们突然将传单抛向空中，运动场上立刻沸腾起来，爱国师生争相传阅传单。

四年五月七日之事

有血性的黄帝的子孙，你不应该忘记四年五月七日之事。

现在又是五月七日了。

那在四十八点钟内，强迫我承认"二十一条"协约的日本人，现在又在欧洲和会里，强夺我们的青岛，强夺我们的山东，要我们四万万人的中华民国做他的奴隶牛马。

你若是个人，你还要把金钱供献他们，把盗贼认作你的父母吗？我亲爱的父老兄弟们，我总信你不至于无人性到这一步田地！

传单像一团烈火在爱国师生们的心中燃烧。他们义愤填膺，怒不可遏。"还我青岛！还我山东！"的口号声响彻运动场上空。

林育南随即将积极投身爱国运动的决心和北京、武汉反帝爱国运动的悲壮场面写信告诉了身在家乡的堂兄林育英。他在信中写道：

八哥：

前回告诉你巴黎和会中国外交完全失败的事情，把我们大家气死了，末后大家商量，气是没有用的，我们要大家干！……我们誓死不做亡国奴！你们在乡下也干起来吧！……

林育英一口气读完这封信，并在回信中写道：

同湾的青年听了又气！又恨！又喜！又怕！气的是洋鬼子不讲道理，恨的是卖国贼不争气，喜的是那些学生子不错，怕的是做亡国奴。

于是，他们效法北京、武汉青年，在林家大湾也开展了爱国

林育英（张浩）
（1897—1942）

宣传和游行示威活动。

林育南等人还东奔西走，把《四年五月七日之事》的传单张贴在武汉三镇的大街小巷，联络武昌各大、中学校的爱国学生，准备更大规模的斗争。一个以中华大学为中心的反帝爱国运动，在武汉如火如荼地开展起来。

武汉学联初露峥嵘

1919年5月17日，在恽代英指导下，武汉学生联合会（以下简称学联会）在中华大学正式建立，林育南被选为学联会负责人之一。在学联会的成立大会上，蓝芝依、高鸿缙、林育南等26人被公推为学联会代表。随后，他们前往省公署和督军署，向省长何佩镕和督军王占元请愿。

学联代表当即提出四项要求：

（一）承认武汉学生联合会；

（二）允许学生发行提倡国货、鼓励国民爱国思想的宣传品；

（三）不许扣留学生联合会向全国各地拍发的电文；

（四）允许爱国学生组织游行大会，露天演说，伸张民气。

王占元迫于无奈接见了他们。他先伪善地说："彼等爱国热情，实可钦可敬，督军本人籍隶山东，尤深感佩。现在时局靖乱，和议未成，地方秩序，社会安宁，系极为切要。武汉乃商务繁盛之区，五方杂处，良莠不齐，游行街市，露天演说，设有不肖之徒，从中蛊惑滋事，妨害治安，那就难办了，本督军所以绝对不能允准。"王占元电令警务处暨卫戍司令部，派出大批军警和士兵巡查街市，严加防范爱国学生。

面对军阀的阻挠破坏，蓝芝依、高鸿缙开始动摇。林育南和大多数代表坚持按原计划于当天中午12时举行集会游行。他们返回各校，立即组织游行队伍。

这天中午，手持各色小旗的各校学生队伍，潮水般地涌向武昌阅马场。

"严惩卖国贼！"

"力争青岛！"

"还我山东！"

一阵阵口号声震荡在武汉上空，响彻云霄。

林育南和互助社社员们走在中华大学游行队伍的最前面。3000多名爱国学生准时齐集阅马场。各校代表按指定的地方列队排立，相继演说，声泪俱下，听者动容，群情激奋。接着，他们将从各地查获的仇货集于正中，当众焚烧。随后举行了大游行。

武昌市民被爱国学生的革命热情感动，游行队伍走到哪里，哪里的群众就纷纷跑出来观看，赞叹声、愤恨声、感激声不绝于耳。一些商人当即表示绝不销售仇货，只卖国货。许多市民自动"输送茶果往阅马场，酬劳学生界"。一个人力车夫情不自禁地高呼："学生万岁！"置身于革命的人流中，林育南心潮澎湃，他的斗争决心和勇气愈发坚定。

大游行将武汉的爱国运动推向了高潮。20日上午，文华大学等教会学校的1400余名学生也联合上街游行。5月26日，北京和天津学生联合会派代表来汉联络。当日，武汉学生联合会在汉口辅德中学开会，欢迎京津学联代表，先由京津学联代表介绍了京津学生罢课斗争的情况，并希望武汉学界一致行动以示声援。林育南在会上坚决表示，立即组织武汉学生进行罢课斗争。会上还决定，由林育南和余尚垣作为武汉学联代表，赴沪参加筹备全国学生联合会。

5月29日，武汉学联创办了以"唤起国民爱国热忱，提倡国货坚持到底"为宗旨的《学生周刊》。该刊出版后，立即受到武汉民众的热烈欢迎，第1期刊印500份，顷刻销传一空，又加印1000份，仍然供不应求。

日益高涨的爱国学生运动令王占元如热锅上的蚂蚁，寝食难安。5月20日，他传见各校校长，命令对学生严加管束，"切勿再生事端，致碍治安"。同时，他责令武昌卫戍司令及警务处处长向各校学生颁发训令："不准擅行立会演说。"28日，武昌警察四署公然逮捕四名散发爱国传单的学生。31日，王占元下令，封闭《学生周刊》。

王占元的所作所为激起了爱国学生们的愤怒。《学生周刊》封闭当天，林育南等武汉学联代表在汉口辅德中学再次举行秘密会议，决定于6月1日起实行全市总罢课，并分配地点，要求"每校各出一组（十人），如被军警逮捕，赓续补派，直至全体捕尽无可再派为止"。

王占元闻讯，吓得胆战心惊，立即宣布武汉特别戒严，严谕各校校长："如果某校首先罢课，先封某校大门，所有该校管教员及学生一概不准逗留省中学舍、旅馆，违者严办不贷。"他甚至扬言，"如果学生罢课，捉到即枪毙，拼着一个督军，一定要办到格杀勿论的地步"。

6月1日，王占元派出大批军警包围各校，要求"严守各校门首，阻其外出"，还调用大批保安队和军队相继前往协防，所有街道都派兵巡逻，"各街市之巡逻警，首尾相衔，不绝于途，交通几为遮断"，以致市中人民均"相顾失色，惊慌万状，莫知其故"。

这天，中华大学的学生在林育南和互助社社友的带领下，首先冲出反动军警的包围，"逾垣而出""毁墙而出"。武昌高师、高商和第一师范等校的学生也紧跟着冲了出来。

恽代英以无比感奋的心情，在日记中记下了这具有历史意义的一天。

六月一日　星期日

今日为罢课演讲之第一日，即湖北学生与官厅宣战之第一日也。同学越墙外出，高二三丈，一跃而下，亦勇矣！

校中渐呈革命状态，校规渐归无用。……军警包围，如临大敌，屡与同学斗争，幸无他变。这便是日本人待朝鲜人模样，而中国人之勇气尚不能如朝鲜人，可痛也夫！

至晚，围乃稍解。……

王占元恼羞成怒，命令军警对手无寸铁的青年学生行刺开枪，非法拘捕。当天，军警在北城角、阅马场、劝业场等地逮捕学生无数。中华大学、武昌高师、高商、第一中学、甲种工业学校等校，数十名学生受伤，这就是震惊全国的"六一"惨案。

林育南等爱国学生没有被王占元的血腥镇压吓倒。6月3日，他率领中华大学学生，再次到劝业场模范大工厂前演讲，听者"人山人海，途为之塞"。保安队扑上去任意狂打，用刺刀乱戳正在演讲的同学。据恽代英日记记载，这一天，中华大学共有九名学生受伤。

1919年6月1日，武昌中华大学被警兵殴伤之学生摄影

"六一""六三"惨案，激起了武汉各界人民的无比愤怒。6月1日，爱国的校长齐集于武昌高等商科学校，一致要求王占元立即释放被捕学生。武汉律师公会副会长施洋挺身而出，召集律师公会紧急会议，提出援救学生议案，呈请法庭提出公诉。同时，他仗义执言，要求惩办凶手，抚恤受伤学生，恢复被捕学生自由。

　　林育南则怀着悲愤的心情，和互助社的社员奔波于汉口、武昌之间。他们时而为武昌学联草拟传单、电文，公布惨案真相，愤怒声讨王占元镇压爱国运动的罪行；时而四处"探询消息"、

施洋（1889—1923）

研究动态，商讨对付时局的措施或去医院慰问受伤的同学。

6月4日，武汉学联秘密召开非常紧急会议，通过七条决议，提出：青岛未争回，卖国贼未惩办以前，联合会誓不解散；罢课目的未达到，决不上课。为了营救被捕的学生，这天下午，武汉学联还组织学生到省署门前请愿。恽代英、林育南等指挥了这场战斗。

天色愈来愈暗，黄昏后又下起了毛毛细雨，爱国学生秩序井然，席地而坐。深夜，他们便卧躺在大街上。武昌的工人、市民被青年学生的爱国热情深深感动，纷纷给学生送姜汤、搭雨棚。经过三天的斗争，终于迫使王占元释放了全体被捕学生。

在这两次斗争中，林育南经受了锻炼。在给堂兄林育英的信中，他写道：

> 我再告诉你，我们有很多的同学被捕去了，我也只差一点，就被捕了，我们一点也不害怕，我们要干到底，亡国奴不是人当的！

他在信中还说，通过斗争，我今天才看着我们群众的力量。

在斗争实践中，恽代英、林育南逐渐认识到，爱国运动仅靠学生的力量远远不够，必须发动工商各界一致行动。为此，他们和施洋等人共同发起组织了武汉各界联合会。

1919 年 6 月 7 日，武汉各界联合会开会，号召商界罢市，支持学生运动。武汉商民贴出罢市宗旨：（一）惩办殴辱武昌学生之军警；（二）争回青岛；（三）恢复学生自由；（四）除曹（汝霖）、章（宗祥）、陆（宗舆）三国贼。如达目的，方可开市。

为声援爱国学生的正义斗争，6 月 10 日，汉口罢市开始。11 日，武汉各轮船水手、伙夫罢工，使汉口、上海间交通"全然在杜绝状态"。12 日，武汉各公司大小商轮工人也开始罢工，"一律停止装运客货"。武汉造币厂、模范大工厂的工人也在酝酿罢工。14 日，武汉数百家成衣店几千名工人举行同盟罢工。31 日，汉口各铁匠店数千名工人全体罢工。汉口的笔工、染工、漆工、木工、篓工、竹工亦纷纷举行罢工。在"三罢"的日子里，林育南奔波于武昌、汉口间察看形势，及时与恽代英商讨斗争策略与方法。肚子饿了，就随便买只烧饼或一碗米粉充饥。

在强大的政治斗争压力下，王占元不得不勉强同意武汉商民提出的罢市条件，并向北京军阀政府和巴黎和会中国代表去电，提出拒绝在和约上签字的要求。

斗争的胜利，使林育南内心无比喜悦。同时，他也清楚认识到，这个胜利还只是初步的，要取得彻底胜利，须发动国人坚持不懈地将斗争进行到底。

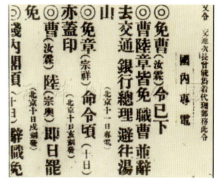

6月10日，在恽代英、林育南等人组织发动下，汉口罢市。此后，北京政府免去曹汝霖、陆宗舆、章宗祥三人职务

6月29日，林育南到恽代英处辞别，他将肩负武汉学联的重托，赴上海参加全国学生联合会的工作。这天晚上，两个战友挑灯夜谈。他们回顾了"五四"以来斗争的历程，畅谈了未来的理想。他们都对全国学生联合会寄予厚望。恽代英叮嘱林育南去上海后，要团结全国各地的学生代表，并把他替武汉学联起草的《武汉学生联合会对于全国学生联合会意见书》交给林育南。《意见书》强调，中国要图根本改革，必须唤起工商界多数的真正觉悟；要使全国学生联合会永久成立，必须要有严整完密的组织。这既代表了武汉学联的意见，也反映了恽代英、林育南的政治主张。

7月1日，林育南和文华书院学生余尚垣乘船赴沪。在全国学联会上，林育南宣读了武汉学联的这份《意见书》，引起全体代表极大兴趣，受到广大学生欢迎，对全国学联的工作起到了指导作用。

试验"共同生活"

五四运动前后，西方形形色色的思潮汹涌于神州大地，宣传各种新思潮的团体和刊物如雨后春笋般破土而出。无政府主义、新村主义等学说吸引着正在寻求真理的中国知识分子。这些五光十色的思想，开阔了林育南的视野。他广泛阅读各种新书刊，如"隔着纱窗看晓雾"般学习了解各种思想和理论。

1919年3月，周作人在《新青年》第6卷第3号上发表《日本的新村》一文，将日本白桦派文学代表人物武者小路实笃的新村主义介绍到中国。新村主义提倡"人的生活"。所谓"人的生活"，就是"说各人先尽了人生必要的劳动的义务，再将其余的时间做个人的事"。武者小路实笃组织22个青年，在日本九州宫崎县日向买了40余亩土地，盖了3栋房子，过起了田园诗般的"共产主义"生活，"每日值饭的人五时先起，其余的六时起来，吃过饭，七时到田里去"，做工五小时，"十一时是午饭，下午二时半吃点心，都是值饭人送去。劳动倦了的时候，可做轻便的工作。到五时，洗了农具归家，晚上可以自由，只要不妨碍别人的读书，十时以后熄灯"。

林育南和恽代英等人被文中描绘的这种无政府、无剥削、无强权、无压迫的图景深深吸引。在他们看来，只要全国都成立新村，过上"日出而作，日入而息"的生活，中国就会变成没有剥削、没有压迫的伊甸园了。为此，林育南等还专门写了《新生活计划》，发表在《新声》上，将他们"共同生活形之笔墨"。

为试验"共同生活"的基地，"以谋社会之改造"，按照新生活计划，林育南首先回到他的家乡，在林家大湾附近的八斗湾中一座家庙里创办了浚新小学和一所通俗演讲社，以"实施理想的教育和宣传农民地位的改造"。这个学校思想上的领导者是恽代英，具体物质基础和与当地社会的关系，则有赖于林育南以及其族人的支持。

湖北黄冈回龙镇
浚新小学

浚新小学规定学生必须努力学习文化科学知识，同时鼓励学生关心时事，阅读进步书刊，还组织学生参加社会斗争，演文明戏，揭露地主阶级剥削农民的罪恶等。这所学校的创办，使许多穷苦人的子弟得到了求学的机会，得到广大农民和学生家长的支持，但是遭到了乡村绅士和老学究们的激烈反对，很快便因经济困难等原因中途废辍。浚新小学的废辍，表明新村主义在中国是行不通的。然而，林育南和恽代英并没有认识到这一点，仍然热衷于试验他们的新生活。

同年底，王学祈、陈独秀、李大钊等在北京发起了工读互助团，林育南、恽代英等在武汉积极响应。此时的他们认为，旧社会自私自利、唯利是图的一切恶俗败习，都是由财产的私有造成的，要改造旧社会，铲除旧社会的脓瘤，就必须破坏它，建设新的社会。首先要由一批人试验"新生活"，培养公有制观念，锻炼共同生活的习惯。

于是，他们又开始在城市试验共同生活，具体做法就是创办一个销售各种新书报的商店，以此作为"推行工学互助主义的好根基""为社会兴办各项有益事业的大本营"，以达到"修养小会社""改造旧社会，建设新社会"的奋斗目标。他们将这个营业单位定名为利群书局（后改为利群书社），宗旨为"利群助人，服务群众"。

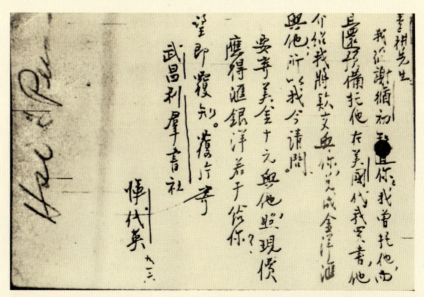

恽代英创办利群书社时的手迹

利群书社旧址

正当恽代英、林育南等人积极筹备利群书社的时候，1919年12月6日，毛泽东率湖南驱张（敬尧）代表团来到武汉，住了10天左右。在汉期间，毛泽东常与恽代英、林育南等互助社成员聚集在一起，纵论天下大事。在交谈中，毛泽东对他们创办利群书社的做法极为赞赏，说"这个办法好！"回长沙后不久，毛泽东也创办了类似利群书社的文化书社。

1920年2月1日，经过一番紧张筹备，利群书社正式营业，地址设于武昌横街头18号。

为实现他们的理想，利群书社内制定了严格的"约法"。按照"约法"，社员们开始在书社内实行半工半读、自食其力的共同生活。他们白天营业，自己动手打扫店铺，贩卖书报；晚上开会自修。大家轮流做饭，虽都是外行，往往将饭、菜"弄得夹生或焦黑"，然而因是自己劳动所获，故吃得"格外快活，每顿饭吃到没有余粒为止"。他们在书社楼上就地开铺，挤在一起睡觉，"极为畅快"。每日晚9时至10时的自修会，先由社员自己填写"自省表"，主要内容是：今日是否做了利群助人的事？是否遵守了"约法"？然后互相传阅，互助促进。

利群书社既是恽代英、林育南等人试验"新生活"的基地，又是他们宣传马克思主义和新文化的阵地。"它最注意的，不在营业，而在于介绍新文化，卖的多系杂志、新书"，如《新青年》

《新潮》《星期评论》《少年中国》《共产党》《时报》《申报》等书报杂志，以及当时新青年社出版的马克思主义丛书，如：《共产党宣言》《马格斯资本论入门》《社会主义史》《阶级争斗》等。林育南正是在这时才开始读到《共产党宣言》《阶级争斗》《马格斯资本论入门》等著作，初步接触到了马克思主义。利群书社客观上成为长江中游地区传播马克思主义的中心。

利群书社与新青年社、新潮社和《少年中国》杂志社有业务来往，而且与这些杂志社的主要撰稿人李大钊、陈独秀等常有交往和书信联系。为了便于社员发表探索改造社会、试验新生活的意见，书社用白话文出版了内部刊物《我们的》和铅印月刊《互助》。

利群书社成立后，刚开始生意还挺兴隆，看书的人很多，买书报杂志也不乏其人。这使恽代英、林育南等人受到鼓舞。书社创办不久，他们又在武昌太平试馆办起了另一个试验"共同生活"的基地利群毛巾厂（后迁到武昌大堤口）。该厂由林育英任工作委员，男女工人20余人，大多数是利群书社的社员。

1920年5月，恽代英、林育南等互助社社员就利群书社的前途展开了讨论。他们的梦想，就是在办利群书社、利群毛巾厂的同时，再到乡村中去发展，在"两三年内另立一个根据地"。这个根据地就是浚新小学。在那里，他们希望重新"借教育运动得

1921年1月，恽代英受陈独秀委托翻译考茨基的《阶级争斗》，以《新青年》丛书第八种由新青年社出版

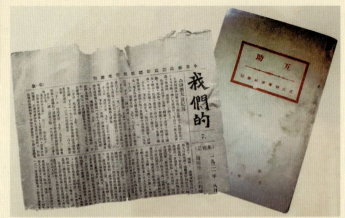

利群书社内部刊物《我们的》和铅印月刊《互助》

一个站脚的地方，渐次再图实业的运动"，"这样便多一条发展的路"。为此，由恽代英执笔，写了《未来之梦》。

恽代英、林育南等的"未来之梦"，是他们当时改造旧世界的具体方案。他们都认为，要改造旧世界，就须"做一个共同生活的模型，使世人知道合理、有幸福的生活是可能的事"。只要大家协力，不但可以解决自己及家庭的生活问题，而且有力量与资本家决斗。但是实践教育了恽代英、林育南等人。到1920年10月以后，利群书社"经济状况总只出入勉强敷衍"，靠社员捐款维持现状。他们感到，靠利群书社生利发展其他事业，"怕不是眼前的事"。利群毛巾厂的前景也很不妙，生产出的产品因没有竞争力而趋于倒闭。

究竟用什么方法改造国家呢？林育南感到十分苦闷。然而，他没有退却，而是继续思考和探索，并决心到北京寻觅新路。

创建共存社

1920年秋，林育南考入北京医学专科学校。尽管读书环境并不如意，但林育南竭尽所能地自学，以更大的热情投身新文化研究。

是时，北京工读互助团已经失败。从北京工读互助团的失败教训中，林育南模糊地感到，在武昌畅谈的那些"梦话"有许多

"缺点"。这个时候，尽管看到了实现共同生活的各种障碍，但是他仍然抱有幻想，认为"共同生活的团体为维持我们个人合理的生活和发展怀抱的唯一利器"。

与此同时，他开始对新村主义表示怀疑，"总觉得有那种种的困难""比方我们只运动禁戒烟、酒、嫖、赌这四桩，若是使全社会只禁绝了一桩就了不得；要是四桩都禁绝了，那社会上该是一种怎样的气象。但是想禁绝一桩就是很不容易的。你看那美国人的禁酒运动该是用了何等的力量，然而收效的区域很小。想普遍于全社会，也不晓得要许多年代"。

此时的林育南既对过去所信仰的新村主义产生了动摇，开始认识到改造社会，通过局部的改良是难以奏效的，却又没有完全冲破新村主义的思想藩篱。然而，新思想正在混沌中萌芽。此后的林育南通过刘仁静的关系，常去北京大学聆听马克思主义研究会主办的各种演讲，并和刘仁静讨论中国社会改造等问题。

刘仁静于1918年夏从中华大学附中毕业后考入北京大学，是北京大学马克思主义研究会的会员和北京共产党早期组织的成员，并和恽代英、林育南等保持着书信联系。1919年12月2日，他在北京给恽代英写信，宣传俄国劳农革命，批评空想社会主义。信中明确地说，乡村教育"难以收效"，乡村企业亦"不可靠"，"中国的社会革命也必出于流血一途，是无疑的"。刘仁静

林育南与刘仁静合影

将这封信的基本观点也讲给林育南听，促进了林育南的思想向马克思主义转变。

与此同时，北京正在开展"社会主义大论战"。陈独秀、李达等写了《独秀复东荪先生的信》《讨论社会主义并质问梁任公》等著名论文。陈独秀指出："在社会的一种经济组织生产制度未推翻以前，一个人或一个团体绝没有单独改造的余地。试问福利耶以来的新村运动，像北京工读互助团及恽君的未来之梦等类，是否真是痴人说梦？"陈独秀的观点对包括恽代英、林育南在内的利群书社成员的思想产生极大震动，促使他们开始用马克思主义的观点和方法来分析中国的社会问题。

林育南开始日益认真刻苦地学习马克思主义。1921 年 4 月 21 日，他给恽代英及利群书社的朋友们写信，汇报了他学习马克思主义和与刘仁静"大谈"社会主义的情况。在讨论是用"平和运动"（改良主义）还是用"大破坏的激烈运动"（暴力革命）的方法改造社会时，林育南认为："须同时并进，互相为用，不可缺一。"但他在具体解释时又强调："阶级的利害太冲突了，仅用平和的运动奏效甚难，而且太慢。"此时，他对马克思主义的暴力革命学说已有了初步的认识，他的思想正朝着马克思主义迅速转变。

6 月 1 日，林育南又给恽代英写信，明确表示不同意"共同生活"的主张。他在信中说："与资本家决斗，利用经济学的原理，一方用实力压服资本家，一方用互助共存的道理，启示一般阶级，这种理想是很好的。但照这种方法去做，是不可能的；靠这种共同生活的扩张，把全世界变为社会主义的天国，是一种空想。"

从这封信中可以清楚地看到，这时的林育南已经彻底否定了以前所做的"未来之梦"，洗刷了无政府主义和空想社会主义思潮对自己的影响，树立了对马克思主义的信仰，开启了一生中最为重要的思想转变。此时，恽代英的思想也实现了向马克思主义的转变，力主成立"波歇维式"（即布尔什维克之意）的革命团体。

接受马克思主义后，林育南再也无心学医。1921 年初夏，他从北京回到武昌，和恽代英等利群书社成员商议，决心成立一个信仰马克思主义的新的革命团体。

1921 年 7 月 16 日至 21 日，林育南和恽代英、林育英、李求实、唐际盛、李书渠、廖焕星、卢斌、郑遵芳等 24 名先进青年

林育南与革命志士的合影（左四为林育南，左五为李求实）

相聚在黄冈八斗湾的浚新小学，讨论建立革命团体的问题。

大会的第一天议"主义及宗旨"，一致同意将组织的团体叫"波社"，即效法俄国"波尔什维克"的意思。大会最后通过决议，成立"波歇维式"的组织，定名"共存社"。共存社的宗旨，公开拥护马克思主义，主张用阶级斗争和无产阶级专政的手段改造社会，在中国实现社会主义。可见，共存社是一个具有共产主义性质的革命团体，具有无产阶级政党的性质，与互助社、利群书社相比，发生了质的飞跃。这标志着恽代英、林育南等利群书社的大多数成员的思想真正实现了从无政府主义、新村主义向马克思主义的转变。恽代英、林育南这批先进青年，虽然没有和共产国际与联共（布）驻中国的代表及上海中共早期组织取得联系，但是也在中国独立进行了建立无产阶级政党的探索。这意味着，在20世纪20年代初，在中国建立一个无产阶级政党领导中国革命，是中国先进知识分子根据亲身实践和理论探索而形成的共识。

共存社成立后，中国共产党在上海诞生。林育南闻讯，心潮澎湃，无比激动，立即申请并于1921年底加入了党的组织，从此踏上了为无产阶级解放事业献身的光明大道。

黄冈八斗湾共存社成立旧址

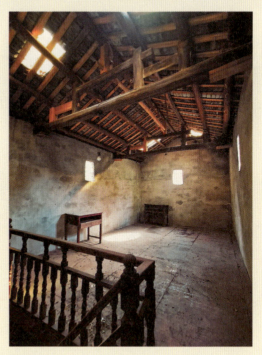

共存社内景

三

工运先驱

LIN YUNAN

"职工运动从此有一个顺利的发展"

中国共产党成立后，开始集中力量领导工人运动，并成立了公开领导职工运动的总机关——中国劳动组合书记部，在北京、武汉、长沙、广州、济南等地设立了分部。武汉分部机关就设在武昌黄土坡下街27号，分部主任由中共武汉区委书记包惠僧兼任。林育南奉党的指令，脱下学生装，开始参加武汉分部工作，组织领导工人运动。

武汉是我国中部和长江中游的一个重镇，水陆交通四通八

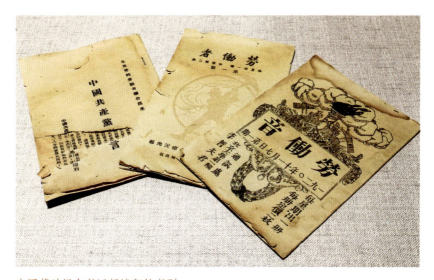

中国劳动组合书记部编印的书刊

达，有"九省通衢"之称。第一次世界大战前后，武汉建立了铁路、机器制造、采矿、钢铁等现代企业，有产业工人10多万，位列全国第二。此外，武汉还有数以万计的码头、人力车工人。这些工人早在五四运动和党成立之前，就曾进行过罢工斗争，表现出很强的战斗力量。尤其粤汉铁路和汉口人力车工人的斗争，格外引人注目。

粤汉铁路全长1096公里，于1900年开始兴建。1918年，武（昌）长（沙）段铁路草草建成，并与长（沙）株（洲）线接轨

筑路工人住的窝棚

通车。由于中国政府借款修路，路权操于帝国主义之手，而铁路管理则实行封建把头制，工人终日劳累，不得温饱，生活极为凄苦。

中共武汉区委和中国劳动组合书记部武汉分部十分重视铁路工人的斗争，认为这里是一个孕育着工人运动无限潜力的处女地，遂派林育南、李书渠（伯刚）和施洋等到粤汉铁路武（昌）长（沙）段徐家棚站开展工作。

林育南等深入工人住区，找工人促膝谈心，了解工人的工作、生活情况和要求。他经常把自己的衣服脱下来，送给贫苦的工人兄弟遮日御寒；把口袋里的钱掏出来，周济失业工友；他还和李书渠、施洋等创办起工人夜校，亲自给工人上课。他们联系工人的痛苦遭遇，用通俗易懂的语言，向工人宣传革命道理，启发工人觉悟，教育他们认识自己的力量，鼓励他们团结起来进行斗争。很快，他们就得到了工人群众的信赖。在林育南、李书渠、施洋等人的组织、领导和帮助下，徐家棚铁路工人建立了粤汉铁路职工联合会，开始为反对压迫、改善生活而斗争。

1921 年 10 月 6 日，粤汉铁路武（昌）长（沙）段小工在联合会的支持下，相继要求加薪而举行罢工。粤汉铁路任职的洋总管卡墨克尔看到罢工宣言后，恼羞成怒，暴跳如雷，不由分说开除了 81 名罢工工人，激起粤汉铁路工人的愤怒。

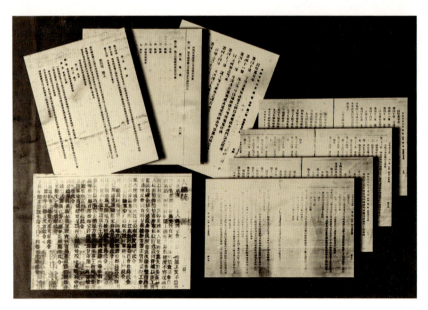

对工人滥施惩戒的名目繁多的法规和残暴苛刻的厂规

　　在林育南、施洋等人的指导下，职工联合会号召工人团结起来，为反抗压迫奋起斗争。北洋军阀政府大发雷霆，发出了"宁可牺牲粤汉路工人，决不可使他们做全国罢工模范"的威胁。洋总管卡墨克尔有恃无恐，对工人的正义要求置之不理，更激怒了工人群众。

　　10月11日，林育南、施洋等人又指导职工联合会，向洋总管理直气壮地提出"改良待遇的十五条件"。卡墨克尔看到工人提出的条件后，遂回函，命工人派代表前来接洽，"其意欲员司举出代表后，加以为首煽动之名，藉资挟制"。林育南、施洋等人洞悉其奸，"遂以人数众多，少数代表不能负责"为理由，替职工联合会复函卡墨克尔，要他派出代表来联合会谈判。

卡墨克尔阴谋破产后又生一计。12日上午，他召集全体员司说："此事个人不能负责。"他还一个一个问：是否自愿在改良待遇的十五条件上签名？是否受人胁迫？全体员司义正词严地回答："此系个人切身痛苦问题，乃自动的，而非被动的。"卡墨克尔离间工人的阴谋失败后，即面露凶相，拒绝了工人提出的罢工条件。

面对卡墨克尔的专横无理，林育南、施洋等人决定领导粤汉铁路全体工人举行大罢工，以打击卡墨克尔的嚣张气焰。10月13日，一场声势浩大的罢工怒潮从徐家棚卷起，汹涌整个武（昌）长（沙）铁路。火车停炉、机器停转，几百里铁路立刻瘫痪。同日，机车处全体工人还发出了驱逐洋总管的檄电。

粤汉铁路工人的大罢工，"把一个武长铁路，弄得一步也不能走"。北洋军阀政府惊恐失色，赶紧急电湖北督军萧耀南火速妥为办理，切不可使交通断绝。萧耀南接电后，遂派人与铁路工人代表谈判。在谈判过程中，工人代表遵照林育南等人指示，坚持所提"十五条件"，据理力争，迫使谈判代表一概应允。

10月17日，粤汉铁路职工联合会下令复工，历时5天的罢

粤汉铁路总工会会员证

工取得了胜利。这次罢工充分体现了工人阶级团结互助的精神和组织起来的力量，使广大工人群众意识到，要进一步组织和巩固自己的团体，为将来作战的"利器"。受到粤汉铁路工人胜利罢工的鼓舞，汉口人力车工人亦应声而起。

　　汉口人力车工人是武汉人数多而且比较集中的行业工人。他们受外国领事、巡捕及中外资本家等的层层压迫，终日做奴隶牛马的工作而维持其最低生活，其所受的剥削和侮辱，可谓难以言述。

1921年5月1日，"租界车行宣告加租（原租每日每乘车八百文，此次加租钱一百文）。车夫以生活艰困，群起反抗，誓不承认"。中共武汉党组织当即派林育南、施洋前往指导，用罢工手段反抗加租，斗争取得初步胜利。11月底，汉口租界人力车行老板又一次宣布加租。工人代表樊一狗向中共武汉区委书记包惠僧反映："老板如果再加租，就不能生活了。"中共武汉区委立即派施洋等人前去直接领导这场罢工斗争。

施洋等人根据5月与林育南领导人力车夫罢工斗争胜利的经验，深入汉口租界，召集人力车夫代表樊一狗、袁诰成等五人秘密开会，制订罢工计划。12月1日，汉口租界六七千人力车工人爆发了大罢工。当游行队伍进入法租界时，租界当局出动大批军警，实行紧急戒严，不准游行队伍通过。人力车夫义愤填膺，与军警展开了激烈搏斗。林育南在日后的回忆中，高度赞扬施洋组织的这场气壮山河的斗争：

> 因车夫二人被捕，群众亦掳去法兵二人，并包围法巡捕房及领事馆要求释放，作猛烈之示威，形势严重，如开大战。法领卒屈服释放车夫，而轰轰烈烈的车夫群众得了完全胜利，诚为我国对外人交涉中最光荣的运动。

武汉人力车夫的英勇革命斗争，极大地长了中国人民志气，震撼了帝国主义和封建军阀的反动统治，赢得了社会各界的同情和支持。

林育南和施洋领导的粤汉铁路和汉口人力车工人的罢工斗争，对湖北以及全国工人运动的发展产生了巨大影响。邓中夏在《中国职工运动简史》一书中，对此给予了高度评价。他指出："武汉因铁路工人与人力车工人两大罢工，开了当地一个新纪元，职工运动从此有一个顺利的发展"，并特别强调这两次罢工的主持者"为林育南和施洋同志"。

邓中夏所著《中国职工运动简史》

出席远东国际会议

1921 年 11 月 12 日至 1922 年 2 月 6 日，美国、英国、日本、法国、意大利、比利时、荷兰、葡萄牙、中国在美国首都华盛顿召开会议。这次会议实际上是继 1919 年巴黎和会以后的又一次分赃会议，是美、日争夺远东和中国以及帝国主义列强之间争夺海上霸权的斗争。

为了揭露帝国主义国家利用华盛顿会议进行侵略扩张的目的，号召中国和远东各弱小民族反对帝国主义的侵略和争取民族解放，共产国际根据列宁关于民族和殖民地问题的思想，决定采取针锋相对的斗争策略。1922 年 1 月 21 日至 2 月 2 日，在苏俄的伊尔库茨克召开远东各国共产党及民族革命团体第一次代表大会，就是为对抗华盛顿会议而召开的一次国际会议。

中国革命者接到会议通知后，便积极组织出席会议的中国代表团。从已发现的《远东人民代表大会代表权限调查表》来看，出席会议的成员共有 44 人，其中既有共产党员、青年团员，还有国民党员和无党派人士。中国代表团团长是张国焘。林育南是由共存社委派的代表。他的委任状由共存社总务委员沈光耀签署。委任状上明确写着："本社特任林育南为出席伊尔库茨克会议代表。"

林育南出席远东国际大会的调查表和委任状

　　从当时的交通条件看，从汉口到伊尔库茨克，行程是很艰难的，尤其是中俄边境被奉系军阀张作霖严密封锁，通过很不容易。林育南是由汉口乘轮船到上海，由上海乘海轮至大连，然后从大连乘火车至哈尔滨中转至满洲里后出境。1921 年 11 月 5 日，他抵达了满洲里，随后根据组织安排，扮成了猎人，坐着雪橇秘密过境。

　　会议原定在伊尔库茨克召开，因为距莫斯科太远，共产国际的领导人出席不便。因此，1921 年底，根据列宁的指示，共产国际致电远东局，决定将会议改在莫斯科举行。这使包括林育南在内的中国代表团本部成员都异常兴奋，能够到莫斯科，亲眼观察十月革命后建立的第一个社会主义国家，这是多么激动人心的事情！

1922 年 1 月上旬，出席会议的中国本部 36 名代表抵达莫斯科，与已在莫斯科的中国代表团成员张太雷、瞿秋白、罗亦农、任弼时、刘少奇、萧劲光等相聚。1922 年 1 月 21 日，远东各国共产党及民族革命团体第一次代表大会在莫斯科开幕。除中国代表团的 44 名代表外，出席会议的还有来自朝鲜、日本、蒙古等东方国家的正式代表 131 名和非正式代表 17 名。

2 月 2 日，大会通过了《远东各国共产党及民族革命团体第一次代表大会宣言》。《宣言》指出："从今天起，我们将我们远东受压迫群众不可破分的联盟确立在共产党国际旗帜之下。我们定要得着解放。我们要战胜压迫我们的人们，来建设一个公平劳动的制度；我们要将土地从不劳而食的人们手中收归，将权力握在我们——工人和农人自己手里。"

这次会议是中国共产党成立后首次亮相国际历史舞台，对帮助年幼的中国共产党人将列宁关于民族与殖民地的理论与中国实际相结合，认清中国国情，制定中国共产党民主革命的纲领，起到了重要指导作用。

会议结束后，各国代表还参观了莫斯科的工厂和郊区农村。通过参观，林育南对世界上第一个社会主义国家苏俄，用列宁的新经济政策取代战时共产主义政策，在极短的时间内所取得的显著成就表示由衷的敬佩，认识到苏俄的成功是最好的榜样。他本想在会后留学莫斯科，继续学习和研究苏俄革命和建设的经验，但因他在领导粤汉铁路和汉口租界人力车夫罢工斗争中，积累了丰富的斗争经验，国内革命斗争更需要他。中国代表团经慎重考虑，还是希望林育南回国，领导武汉的工人运动。林育南服从组织决定，会议结束后，和代表团其他成员一起，于1922年3月回到祖国，回到武汉。

　　回国后的林育南深刻地认识到：要解决中国和世界的问题，便要知道现社会是怎样的组织，世界的大问题是什么，中国在世界上所处的地位是怎样，才能找出解决中国问题、世界问题的方法。他坚定而明确地指出："现社会是资本主义的组织，资本主义是私有财产制度发达的结果，现在世界的大问题，就是劳动阶级与资产阶级的问题。中国所处的地位，就是被世界的资本主义者所宰割的殖民地的地位。"因此他认为，"解决中国问题，解决世界问题，只有联合世界的无产阶级，打倒世界的资本主义者之一法，别无他路"。

智斗工贼韩老三

1922 年 5 月，中国劳动组合书记部武汉分部作了调整，林育南接替包惠僧担任武汉分部主任。为实现"劳工神圣"，争取工人阶级的民主权利，是年 7 月，林育南与许白昊、林育英等又成功领导了汉阳钢铁厂罢工。

1922 年 7 月 16 日，汉阳钢铁厂（以下简称汉钢）工人"起而组织俱乐部"。成立大会时，厂方请湖北督军萧耀南派军队弹压，搜去俱乐部干部名册，封闭会所，引发全厂工人愤然罢工。罢工开始后，资本家竟然宣布开除 7 名工人领袖。7 名工人领袖在汉钢不能立足，只好暂时住到江岸京汉铁路工人俱乐部里。

就在该厂罢工斗争处于关键时刻之际，林育南、许白昊、林育英等立即在武昌举行会议，研究分析汉钢情况。为了摸清情况，林育南和许白昊立即渡江到江岸找项英了解情况，慰问被开除的工人兄弟。他们坚决表示支持汉钢工人的罢工斗争。7 名工人领袖深受鼓舞，遂决心回厂发动工人，坚持罢工，和资本家斗争到底。

林育南无比激动和喜悦，当日连夜与许白昊乘小划子返回武昌。划子行至江心时，天气骤变，狂风呼啸，暴雨倾盆。一个巨浪扑来，差点吞噬这一叶扁舟。他们与风浪搏斗，驾着小划子，好不容易行至徐家棚，又无法靠岸。最后，两人拼足力气，跳上了岸。

林育南不顾劳累，兴奋地将调查到的情况告诉了林育英："7名工人领袖愿意回厂坚持干下去，全厂工人很齐心，京汉路的工友们也表示愿意尽量帮忙……我们仔细考虑了主客观的各种条件之后，决定赞助他们干下去。现在已提出十七个条件，决定明天早班便开始罢工。明天早晨起来，请大家注意看看那边的烟囱，要停止冒烟了。"

第二天清晨，林育英便跑到江边，朝汉阳方向望去，果然，

罢工后的汉阳钢铁厂

除一个大烟囱外，汉钢的其他烟囱都停止了冒烟。林育英把看到的情况向林育南汇报。林育南感到奇怪："为什么这个大烟囱还在冒烟呢？"他当即派林育英过江调查情况。

林育英从汉阳洗马口码头上岸，跑了几个地方，坐了几个茶馆，终于弄清了大烟囱仍在冒烟的真相。原来这个大烟囱就是汉钢的化铁炉，它掌握着全厂的命脉。如果化铁炉仍旧开工，就只是其他部分的工人罢工，对资本家也没有多大威胁；若化铁炉停一个星期不升火，整个炉子就会凝结成一块废铁。因此，资本家千方百计收买了化铁炉工贼韩老三，欺骗一部分工人，仍在这里干活。

林育英将调查结果迅速向林育南、许白昊等作了汇报。他们旋即开会讨论，研究对策。林育英认为："只要提出'打死工贼韩老三'的口号，就可以迫使化铁炉停炉。"林育南、许白昊一致赞同。林育南还指出，这次汉钢工人罢工意义重大，对武汉地区和全国的工人运动将产生深刻影响。最后，他们作出决定，对工贼不能太斯文，必须狠狠打击。

于是，汉阳的大街小巷以及汉钢内外，到处都贴满了"打死工贼韩老三"的醒目标语。面对铺天盖地的标语，韩老三吓得丧魂落魄，一溜烟跑回家躲起来，再也不敢出门。资本家企图收买工贼的阴谋就此破产。

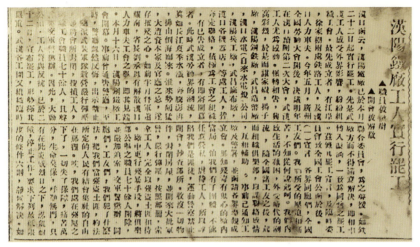

1922年7月，汉阳铁厂工人举行罢工并取得了胜利

　　"化铁炉停火啰！"工人们欢呼起来。这声音如春雷在汉阳钢铁厂上空炸响……罢工后的第4日，化铁炉"危急万分"，资本家无可奈何，只好"托人乞和"，被迫答应了工人提出的"恢复被开除工友的工作""增加工资""保证工人民主权利"等十七个条件，罢工斗争取得了全胜。

　　罢工胜利后，汉阳钢铁厂公开建立起工会组织。此后，汉阳钢铁厂工会、人力车夫工会、扬子江机器厂工会、江岸铁路分工会、徐家棚铁路分工会等28个工会，组成了武汉工团联合会，会员3万余人，林育南兼任该会的秘书主任，总理一切会务。

推动劳动立法　掀起工运高潮

　　1922 年 8 月，北洋军阀政府召开国会，酝酿制定宪法。中国劳动组合书记部负责人邓中夏和武汉、上海、湖南、广东以及山东分部负责人林育南、阮大时、毛泽东、谭平山、王尽美等趁此机会，在全国发起了劳动立法运动，提出了《中国劳动组合书记部关于劳动立法的请愿书及劳动法案大纲》。大纲要求承认劳动者有集会、结社、罢工的自由权利，并就工资福利、工作时间、保护女工和童工等问题，提出了具体要求。

　　大纲在报刊上公开发表后，全国各地工会纷纷响应，一致要求政府通过这个大纲。虽然，最终大纲未被军阀羽翼下的国会通过，但却深入全国工人阶级心中，成为指导工人阶级继续坚持斗争的纲领。在这场争取劳动立法运动的高潮中，林育南等人又成功领导粤汉铁路工人进行了第二次大罢工。

　　粤汉路鄂段铁路局局长王世埙长期与行车监工张恩荣、翻译苗凤鸣狼狈为奸，在局里为所欲为，肆意虐待工人。工人稍有反抗和不满，轻者遭罚款、毒打，重者被开除。他们还将天津籍工人组成"工人研究所"，企图"掠夺千数百他籍工人之饭碗"。一次，张恩荣偷运鸦片到长沙新河站，因加油工吴青山不肯帮其掩藏，致被查出没收。张怀恨在心，事后借故将吴开除，激起了粤

汉铁路工人的无比愤慨。

　　劳动组合书记部武汉分部主任林育南与湖南分部负责人郭亮（时兼任粤汉铁路岳州工人俱乐部秘书）等依据上述情况，认为组织粤汉铁路武（昌）长（沙）段工人第二次大罢工的时机已经成熟。为加强对罢工斗争的统一领导，遵照党的指示，在徐家棚设立了罢工指挥总部，由林育南、施洋、郭亮等负责罢工的组织领导工作。

　　1922 年 9 月 5 日，他们以粤汉铁路全路工人的名义电告北京交通部，限三天内撤办张、苗二人。他们同时警告路局，如不圆满答复，则举行全路总罢工。三天过去了，交通部和路局均无答复。8日，粤汉铁路工人俱乐部联合会决定全路罢工。9日，大罢工正式开始，武长铁路全线车辆停驶，锅炉熄火，工厂停工。

罢工当天，粤汉铁路工人俱乐部联合会向王世堉提出了"张、苗二人革职，吴青山复职"等七条要求，并发表宣言，声讨张、苗罪行，呼吁全国各界给予援助，并坚决表示，不实现七条罢工目的，将"誓死不止"。

罢工开始后，王世堉自恃为曹锟姻戚，毫无忌惮，派代表前往罢工指挥总部，欲使工人先复工再谈判。他又施展种种卑鄙伎俩，唆使"工人研究所"收买工人，与工人俱乐部对抗，欺骗、蒙蔽部分工人接手开车。他同时勾结湖北军阀萧耀南调动军警百余人，来徐家棚进行弹压，妄图以此分化瓦解工人，破坏罢工斗争。

针对王世堉的阴谋，当日下午7时，林育南与罢工指挥部全体成员商议，形成了三条决议：

（一）派人轮流保守机件，以防奸人倾陷；（二）非有徐家棚总部通知决不开工；（三）罢工期内严守秩序。

林育南等人发动工人开展政治攻势，开导军警不要干涉工人的罢工，劝导"工人研究所"的工人不要再受王世堉的欺骗。经过宣传，他们争取了部分受骗工人，壮大了罢工队伍。

10日晚，夜阑人静。王世堉唆使"工人研究所"的部分工人接手开车，并派武装押运。霎时，罢工工人和他们的家属妇女、小孩数百人一齐出动，在林育南等人组织下卧轨阻车。穷凶极恶的王世堉竟然指挥军警进行弹压，以惨无人道之手段，横拖直拽，肆行杀伤，致受伤者百余人，投水失踪者10余人，被捕者9人，受重伤者30余人，受伤命危者8人。

惨案发生后，粤汉铁路罢工总指挥部召开紧急会议，向路局提出四条要求：

（一）撤退弹压军队，并惩办行凶军警；（二）革除并惩办王局长；（三）从优抚恤死伤工人及工人家属；（四）完全承认工人前次提出的七个条件。不达目的，决不上工。

粤汉铁路罢工总指挥部还向全国各地工团发出快邮代电，"请一致主持公道，予以实力援助"。9月12日，林育南在汉口法租界永庆里召开武汉工团联合会紧急会议，在会上号召各工团援助粤汉罢工工人。武汉工团联合会当即向全国发出了气壮山河的援助粤汉工友宣言。此后，声援粤汉工人罢工的浪潮迅速席卷全中国。

面对迭起的全国工潮和雪片般的通电，萧耀南惶惶不可终日。他打电话痛骂王世埐不该闯出这样的大祸来，并责令他妥善办理。王世埐接到萧耀南电话"登时昏绝椅上，汗如雨下"。于是，他改变策略，企图用软化手段平息工潮：将受伤工人送往医院，请工人吃饭，向工人送礼，还以发双薪引诱工人上工；但粤汉工人在罢工总部的统一领导下，毫不动摇，一致坚持斗争到底。

北洋军阀政府慑于全国工人阶级的威力，又委任交通次长劳之常为"劳工宣慰使"来汉与工人谈判。劳之常迫于罢工声势，口口声声要把工人提出的条件带回交通部"商量解决"。19日，武汉工团联合会代表在林育南的领导下，向王世埐递交了《最后警告书》。王世埐被迫答应释放被捕工人，撤退弹压军队，撤办张、苗，从优抚恤死伤工人及赔偿损失等条件。21日，又自食其言，不同意将张、苗停职。这种出尔反尔的卑鄙行径，更激怒了工人群众。武汉工团联合会代表遂集会于徐家棚粤汉铁路工人俱乐部，一致署名，不达目的，决不上工。

粤汉铁路工人俱乐部联合会紧接着发表了由林育南等人起草的《告国人书》，在全国尤其在铁路工人中引起了强烈反响。在全国舆论和南北交通即将中断的强大压力下，交通部和吴佩孚等人深感工人阶级的力量势不可挡，严重危及他们的反动统治，遂于 25 日分别急电王世瑛和萧耀南，令其速将工潮解决。

色厉内荏的王世瑛急忙派员前往罢工总部，请求派工人代表来路局谈判，会商解决办法。经过谈判，达成三项决议：

（一）张、苗二人停职查办；（二）被捕工人一律释放；（三）工人提出的七个条件分别允可。

这样，由林育南等人领导的惊动全国的粤汉罢工风潮，始告结束。当日晚，粤汉铁路徐家棚工人俱乐部张灯结彩，锣鼓喧天，罢工工人欢聚一堂，共庆胜利，可谓盛况空前。26 日 7 时，粤汉铁路罢工指挥总部发布上工命令。

这次历时 17 天的罢工是"中国破天荒的奋斗"，在我国工人运动史上写下了光辉的一页。罢工的主要领导者林育南，充分地赢得了工人群众的信赖和拥护。10 月 10 日，湖北各工团联合组成了全省统一的工人组织——湖北全省工团联合会。林育南被选为宣传科主任，负责日常工作。

湖北全省工团
联合会会址

组织领导京汉铁路工人大罢工

1923 年 2 月，为争取成立总工会的自由和工人阶级的政治权利，京汉铁路工人在中国共产党的领导下，举行了震撼世界的京汉铁路工人大罢工。林育南是此次罢工的领导人之一。他在论述这次罢工的意义时说：这次罢工，"是中国无产阶级领导全国劳苦民众反抗军阀力争自由的战斗日子，它是中国工人革命史上最光荣的一页"。

京汉铁路全长 1214.5 公里，原称卢（沟桥）汉（口）铁路，于 1899 年 1 月动工兴建，至 1906 年 4 月 1 日建成并举行全线通

京汉铁路工人的居住环境

京汉铁路建成时竖立于黄河桥头的铸
铁纪念碑，为帝国主义掠夺中国筑路
权的见证

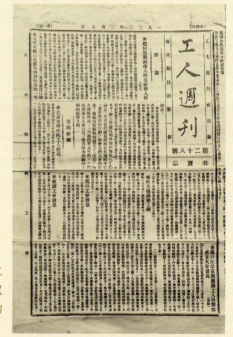

1922年2月5日，《工
人周刊》关于江岸京汉
铁路工人俱乐部成立的
报道

林育南画传

车典礼。铁路的行车管理权及营业收入支配权由比利时银行工厂合股公司掌握。1909 年 1 月，原合同作废，始由中国赎回自办。

京汉铁路连贯直隶、河南、湖北三省，是连接华北和华中的交通命脉，具有重要的经济、政治和军事意义。20 世纪 20 年代初第一次直奉战争后，北京政府落入直系军阀曹锟、吴佩孚手中，因而京汉铁路的运营收入成为军阀吴佩孚军饷的重要来源之一，京汉铁路也就成了吴佩孚军事运输的生命线。

京汉铁路是中国产业工人最集中的行业之一，全线共有两万多工人。中国共产党在第一次工人运动高潮中就认识到，铁路工人、海员、矿工是中国工人阶级中"三个有力的分子"，蕴藏着巨大的革命力量。因此，将成立这三个产业的联合组织作为工会运动的重中之重。

1922 年上半年，直系军阀吴佩孚在战胜了奉系军阀张作霖后，为赢得民心，即通电"保护劳工"。中国共产党利用这个时机，在京汉铁路沿线积极组建铁路工人自己的组织。从 1921 年下半年至 1922 年底，京汉铁路沿线各站区的工会组建工作全部完成，建立京汉铁路总工会已具备坚实基础。

京汉铁路工人在中国劳动组合书记部北方分部的具体领导下，经过林育南、项德隆（即项英）、史文彬等人几个月的共同努力，决定于 1923 年 2 月 1 日，在郑州召开京汉铁路总工会成

江岸京汉铁路
工会会员证

立大会。

2月1日清晨，风雨如晦，阴霾满天。郑州全城实行紧急戒严，军警荷枪实弹，沿街排列，如临大敌。郑州警察局局长黄殿辰秉承直系军阀头子吴佩孚的旨意，禁止工人开会，歇斯底里地狂叫："我黄殿辰在郑州一日，即一日不准工人开会。"

上午8时，林育南、施洋、史文彬等人率领武汉和长辛店的代表，胸佩总工会会员证章，走出五洲大旅馆，会同郑州等地1000多名铁路工人，浩浩荡荡地向大会会场——普乐园戏院进发。

当队伍来到会场附近的钱塘里路口时，遇到军警阻拦，工人开会的民主权利受到蛮横压制。工人代表强抑着心中怒火同军警说理，但军警仍不许他们前行。普乐园戏院会场也遭封闭。施洋、史文彬、林祥谦等激愤万状，不惧淫威，率领工人代表拨开军警的刀枪，潮水般直奔会场。

"打倒帝国主义！"

"打倒军阀！"

"强权无公理，工人要自由！"

"劳工神圣！"

工友们一边猛冲，一边奋力高呼口号。

黄殿辰不肯罢休，命令军警继续阻挡并包围会场。工人代表众志成城、团结一致，合力砸开普乐园戏院大门，涌进了会场，宣告京汉铁路总工会诞生！

下午，军警对工人实行了更为残酷的迫害。"代表所驻旅馆，便有兵来监守，不许偶语，总工会在万年青菜馆所定的饭菜，亦不准出售。各代表一时完全丧失自由，饮食不得。各团体所赠的匾额礼物等，也尽被毁遗道旁，不许馈送。总工会会所被重兵占驻，且禁止工人出入，室内一切文件什物，尽被捣毁。"一时狂风惨雾，郑州全市陷入黑暗之中。

当天晚上，京汉铁路总工会党团书记罗章龙召集有各分会代表参加的紧急会议，林育南以京汉铁路总工会党团成员的身份参

京汉铁路总工会在江岸的秘密办公地址。1923年2月3日，京汉铁路总工会开始在这里办公

京汉铁路总工会成立大会旧址——郑州普乐园戏院

1923年2月8日，京汉铁路总工会在《民国日报》上刊载的紧急启事

加了这一重要会议。会议对罢工斗争作了具体部署。会后，在林育南、陈潭秋等人率领下，武汉工人代表立即乘车南下，决定回汉后立即发动工人，全力以赴地支援京汉铁路工人的斗争，誓做他们的坚强后盾。他们一下车，就在江岸分工会召开大会，向工人群众报告总工会成立大会遭到镇压的情况。

江岸工人听闻此事，切齿顿足，愤恨万分。这次会议实际成了大罢工的一次政治动员会。林育南旋即主持召开湖北各工团紧急会议，决定由汉冶萍总工会、汉阳钢铁厂工会、粤汉铁路总工会、人力车夫工会等18个工团联名致电京汉铁路总工会，全力支持他们的正义斗争。

林育南在领导湖北工人阶级为援助京汉铁路工人斗争，加紧进行罢工斗争准备的同时，又积极参加领导与协助京汉铁路总工会临时办公处（设汉口江岸分工会）的工作。

他和总工会负责人奋笔疾书起草了《京汉铁路总工会全体工人罢工宣言》。罢工前，这些宣言、传单被张贴在武汉的工厂、码头、街头巷尾，宣传了罢工的正义性，引起了社会的广泛同情与支持。

2月4日上午9时，京汉铁路江岸分工会委员长林祥谦执行总工会的决定，下达了罢工命令，江岸大罢工的汽笛随即拉响。武汉三镇的工人们听到笛声，就像听到进军鼓，立刻行动起

当时工人们在江岸车头厂的咽喉道岔停放了机车，拆下了零件，严禁车辆通行

来。关电门、剪电线、停机器、灭炉火、拆水泵、隐藏机件……一场震惊中外的大罢工开始了。随后，京汉铁路其他各站也相继罢工。

罢工开始后，林育南的工作更加繁忙。2月5日，林育南组织草拟了《湖北全省工团联合会宣言》。《宣言》严正宣告："我们湖北全省工团联合会，已全体议决，用实力援助京汉路的工友，到紧急时，我们全体（湖北全省各工团）决定取一致行动，宣告总同盟罢工，必要达到完全的目的才罢。"

武汉各工团和各界群众代表组成慰问队声援罢工（画）

　　6日上午，刘家庙旗帜飘扬、人声鼎沸。武汉各工团和各界群众代表组成慰问队，高举"支援京汉铁路工人兄弟"的大旗，云集在江岸举行慰问大会。林育南、施洋、陈潭秋、许白昊以及其他各界代表先后发表了热情洋溢的讲话。会场不时爆发出"京汉铁路总工会万岁！""湖北全省工团联合会万岁！""全世界劳动者联合起来"等阵阵口号声。

　　这次大会鼓舞了工人群众与帝国主义、封建军阀斗争的勇气。会后，万余名工人群众结队游行。据《向导》周刊第20期报道："群众乘兹愤怒之余，遂举行大规模的游行示威，由江岸经过租界以抵华界，历时二小时许，沿途加入三千余人，所过商民多高呼欢迎，巡捕警无敢阻拦者，此种情形实为仅见。"

声势空前的罢工和游行，引起了帝国主义和封建军阀的惊恐和仇恨。就在当天下午，英国总领事和萧耀南的代表在英领事馆，就血腥屠杀工人群众，进行了密谋策划。

2月7日下午，武汉上空乌云翻滚，北风哀号。吴佩孚、萧耀南在帝国主义的支持下，派参谋长张厚生带领两营军队，包围了江岸分工会和工人住宅区。张厚生命令军队血洗江岸，一时枪声大作，弹雨纷飞。工人纠察团副团长曾玉良率领工人纠察队，高举纠察团红旗，手持齐眉棍与敌人展开肉搏，并在搏斗中英勇牺牲。不少纠察队队员也倒在血泊中。工人阶级的鲜血染红了江岸的大街小巷。与此同时，敌人又逮捕了林祥谦。张厚生将他绑在车站的电杆上，威逼他下令复工。林祥谦宁死不屈，被活活砍死。这一天，共有32人倒在血泊中（被逼投江溺死和被害的家属未计在内），200多人中弹受伤。

惨案发生当晚，汉口各帝国主义租界添岗加哨，架起机枪大炮，戒备森严。双手沾满工人鲜血的刽子手萧耀南，将悬赏通缉林育南等领导人的布告遍贴通衢。数十名工会代表被拘捕，京汉铁路总工会法律顾问施洋也不幸落入敌手。湖北全省工团联合会被封闭，工会什物、匾额被毁劫一空。顿时，白色恐怖笼罩武汉

林祥谦（1892—1923）

江岸车站旧址——
林祥谦烈士就义处

三镇。

林育南没有被敌人的屠杀所吓倒。他冒着生命危险，连夜秘密召开湖北各工团代表会议，决定举行同盟大罢工，反抗吴佩孚、萧耀南的血腥镇压。随后，又星夜赶到汉口笃安里《真报》社编辑部，准备撰文揭露吴、萧制造的二七惨案。正在他伏案写作时，军警向报社扑来。他赶紧将稿子收藏起来，熄了灯，将一根绳子套在窗户上，顺着绳子溜出了险地。敌人没抓住林育南，便封闭了《真报》。紧接着，武汉各工团遭查封。工人夜校和工人子弟学校一律被勒令停办。2224名工人被开除出厂，流落街头。武汉人民遭遇空前浩劫。

针对敌人的倒行逆施，林育南领导湖北全省工团联合会于

关于湖北省工团联合会遭到军警武力镇压及《真报》被封的新闻报道

10 日发出"紧急代电",把军阀屠杀工友、封闭工团的罪行通告全国。他又和《真报》编辑人员郭祖贲等,发表了《汉口真报被封后之宣言》,严正指出:"值兹生死一刻,肉搏拼命之时,启全国同胞共同集合于打倒吴佩孚、萧耀南的旗帜之下而外,别无良策。"在发动群众坚持斗争的同时,他还采取有效措施,加紧进行安葬死者、抚恤伤亡、慰问与营救在狱工友、救济失业工人等善后工作。

2 月 15 日清晨,施洋律师英勇就义于武昌洪山脚下。反动派下令不准收尸。林育南、郑凯卿当晚派人力车工人代表将烈士遗体收殓在武昌城外江神庙中。2 月 20 日,在中共武汉党组织发动下,举行了隆重的追悼会。广大工人群众和各界进步人士,踏冰履雪,不畏严寒,不惧白色恐怖,络绎不绝地前往吊唁。

林育南怀着对烈士的崇敬之情,撰写了《为施伯高烈士家属募捐启》一文,并联络武汉各界进步人士 23 人,发起募捐运动。他高度赞扬施洋为"鄂中英俊",指出他"为人民争自由而死,为劳苦群众而死,为社会主义而死,与黑暗势力争斗而死,死亦得其所矣"。他还勉励劳苦民众,踏着烈士的血迹,努力奋斗,完成他的"未竟事业,未成之功"。

二七惨案后,全国革命形势急转直下,尤其是在"吴、萧高压下的鄂、豫、直,此时已全然没有公开活动的机会了"。根据

《二七工仇》的封面

党的指示，林育南和项英等人随即前往上海，继续开展革命斗争。在他们的主持下，编辑了《二七工仇》一书，以记录二七大罢工的历史事实、讴歌二七英烈的革命气节，并教导工人阶级要牢记血海深仇，将反帝反封建军阀的斗争进行到底。

LIN YUNAN

开展平民教育　恢复党团组织

京汉铁路大罢工的惨痛教训，使年轻的中国共产党人深切认识到，革命仅靠工人阶级孤军奋战是不可能推翻帝国主义和军阀，取得斗争胜利的，必须要和全国一切革命力量紧密联系起来，中国革命才能获得成功。

1923 年 6 月，中国共产党在广州举行第三次全国代表大会，林育南作为中共武汉区委的代表出席了会议。这次会议在决定采用党内合作的形式与国民党建立联合战线的同时，也规定了共产党员要在联合战线中保持政治上的独立性。

8 月，中国社会主义青年团第二次全国代表大会在南京举行，林育南作为团武昌区委选派的代表出席了这次会议，并当选为团中央执行委员。此后，林育南先后深入江苏、安徽等地调研团的工作。

1924 年 1 月，国共两党统一战线正式建立。根据形势发展的需要，团中央于 3 月 22 日至 4 月 1 日召开第二次扩大会议，决定取消团的二大规定的委员长一职，中央机构作了新的变动，林育南任驻鄂特派员。会后，他立即回到武汉，着手领导湖北的青年运动。

二七惨案后，湖北的青年运动极为消沉。"地方团仅存者只武昌、徐家棚两处……组织尚不完善，与中央缺乏联络。"林育南一回到武汉，就和中共武汉地区领导人陈潭秋、包惠僧、许白昊以及中央驻汉代表项英等不辞劳苦，四处奔走，广泛发动群众，重新点燃革命火种。

林育南深入徐家棚铁路工人居住区、江岸福建街工人居住区以及中华大学、武汉中学，与广大青年工人、学生促膝谈心，唤起他们的阶级觉悟。他还参加了基层团的支部会、小组会，给团员讲课，亲自选用、编写团课教材，用马列主义和党的政策武装

江岸工人夜校旧址

青年的头脑。在武汉党、团组织和林育南的领导下，武汉许多工厂和学校很快恢复和发展了团组织，武汉的革命运动渐渐显露生机。

在武昌从事革命活动的同时，林育南也认识到开展农民运动的重要性。他指出："农民占中国人口百分之七十五以上，中国的改造倘不得农民的同情和赞助，很难望圆满地成功。所以农民运动是有志改造中国者所不可忽视的。"而要获得农民支持，就急需提高他们的文化水平和思想认识。

基于这种认识，林育南利用寒假春节之机，回到白羊山，创办了黄冈平民教育社。在回龙山建立了平民书报室，购置全国各地出版的宣传新思想、传播马克思主义的通俗书报，供乡村青年和农民阅读。为普及教育，方便农民看书读报，林育南等人还在黄冈其他一些集镇设立了转阅处，由专人把新到的书报每日送到各转阅处，使这些新书报流传于各乡村。于是，广大农村青年和农民群众，每日在家乡便可以方便且免费地看到各地出版的新书报；一些不识字的农民，也可以到转阅处，听阅读者的讲述，使农民增加知识，开阔眼界，以至广大青年农民和群众"视书报为良友，不可一日离了"。

在平民书报室的基础上，林育南等人又接着筹办了平民夜校和平民俱乐部。他们自编《平民千字课本》，找乡村识字的人为

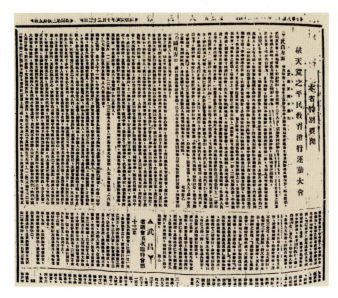

《大汉报》1923年11月30日刊载的有关武昌地区开展平民教育游行运动的报道

教师。在平民俱乐部里，设置有中国传统的各种乐器，教人吹拉弹唱；购来中国旧式的武器——刀枪剑戟，教青年舞枪弄棒；还设有棋子、球类等游戏物。这样，便极大地活跃了农民的生活。"乡人工余之暇，群争赴之，以前玩灯赛和赌博等恶习，渐形消灭。"

林育南在家乡播下的农民运动种子发芽壮大，不断成长，至大革命时期，黄冈成了湖北农民运动的中心县之一。

革命力量的壮大，引起了军阀的恐惧与仇恨。1924年5月12日、13日，萧耀南出动军警先后逮捕了许白昊、刘伯垂等中共武汉区委领导人，并通缉林育南、李书渠，攻击他们"勾结学校青年和徐家棚等处工人欲集合滋事"。根据党的指示，这年夏天，林育南离开武汉赴上海，与挚友恽代英重聚，开始驰骋于思想理论阵地。

主编《中国青年》引导革命群众

1924 年 7 月 10 日，团中央局秘书刘仁静离职，由林育南代理。他同时兼任团中央宣传部主任。9 月 25 日，团中央作出决定，在宣传委员会之下，组织一个编辑部负责编辑《中国青年》和负

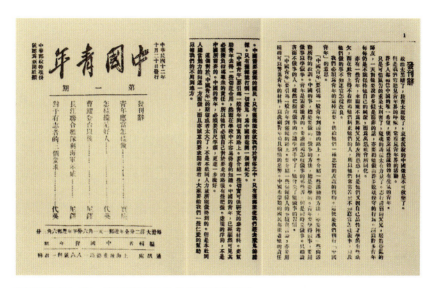

《中国青年》第一期封面及恽代英撰写的发刊辞

责供给《团刊》《平民之友》稿件，并指定任弼时、张伯简、何味辛、邓中夏、张秋人、恽代英、林育南为编辑，由林育南任总编辑。

林育南不仅参加《中国青年》的编辑工作，还在该刊上发表了20余篇重要文章。其时，中国大革命高潮正在掀起，许多青年踊跃参加革命，但不明了革命的路径。他们纷纷给《中国青年》写信，询问如何革命，依靠谁革命，革谁的命。

林育南和邓中夏、恽代英、萧楚女等人，运用马列主义的基本理论，回答青年们提出的问题。在所有问题中，关于中国社会的性质和形成原因及中国革命的对象、动力，是广大进步青年最为关心的。林育南考察了中国近代数十年的历史，特别是五四运动以来的历史后认为，中国社会是一个被帝国主义所肢解的半殖民地半封建社会，并从政治、经济、文化等方面分析，充分论述了帝国主义的入侵是造成中国社会贫穷落后的根本原因，是中国一切祸乱的根源，决不能对帝国主义存在任何幻想。

当时有些青年对军阀混战的局面缺乏正确的认识，看不清军阀的反动本质。林育南一针见血地指出：直系、奉系、皖系等军阀都是帝国主义扶持的走狗。军阀争夺地盘混战的实质是英、美、日等"帝国主义争权夺利的战争"，因此，"我们为打倒帝国主义，必须打倒军阀"。

关于中国革命的动力，林育南清楚明白地告诉革命青年，中国革命的主要动力是广大的工农民众和革命的知识分子。关于如何反对帝国主义与军阀的策略和方法，林育南认为：要打倒帝国主义与军阀，对内要团结一切民众的革命势力，在中国共产党的领导下，对内要结成广泛的革命的统一战线，使全国的革命力量雄厚而集中起来。首先要联合最富于革命精神的劳苦群众——工人；次则最占多数、最受帝国主义压迫的痛苦的农民；再则是少年刚锐、具有革命勇气的学生；还要联合有觉悟的资产阶级——商业工业家和受生活压迫而卖身送死于军阀的军队及退伍流散的兵士。同时，在国际上，也要联合一切反对帝国主义的势力，如东方被压迫的各弱小民族（印度、蒙古、高丽等），各资本主义国家的无产阶级，特别是要联合无产阶级的先锋、帝国主义的死对头苏俄。

林育南的这些论述，言简意深，向中国青年明确地指出了民主革命的对象、任务、动力以及革命的策略方法等问题，为形成党的新民主主义革命总路线的思想，作出了积极贡献。

林育南在主编《中国青年》期间，不少青年慕名而来，向他请教如何加强革命修养。上海恒丰纱厂等单位的团组织，还请他去给团员和进步青年上团课，专讲青年的革命修养问题。他紧密联系青年的思想实际，深入浅出，讲得生动活泼、通俗易懂，深

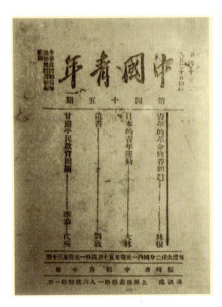

1924年9月20日，林育南在《中国青年》上发表了《青年的革命修养问题》一文

受广大青年的欢迎。请他去讲课的单位也越来越多，不少青年还纷纷要求印发讲稿。为使全国广大青年都受到教育，加强革命修养，林育南不负众望，把自己的讲稿整理成文，题为《青年的革命修养问题》，连载于《中国青年》第45、46期。

在这篇文章中，林育南将中国优秀传统文化与中国革命现实相结合，对青年怎样从革命感情、革命知识、革命才干、革命品性四个方面加强修养作了深刻论述和具体指导。

在林育南看来，革命感情的修养"是第一步功夫"，这种感情最可贵的就是革命的反抗精神，而要形成强烈的反抗精神，首先要做到"生活之民众化"。不与民众接触，生活于民众之中，就不知道民众生活的实际情形，就无法感受他们受到的压迫和痛苦，就不能激起鲜明的爱憎感情，就不能为民众发出呼喊。

同时，革命知识的修养非常重要。林育南告诉青年，革命知识就是"了解社会"。不了解社会而革命，犹如不知解剖生理学而去当医生，是很危险且不可能的。那怎样了解社会？他指出："第一是历史的考究。"要了解现代一切政治、经济、文化的起源和趋势，不可不考究历史。历史不但说明过去，使我们知道今天，而且更重要的还给我们以社会进化的法则，明了现在社会变迁的趋势，使我们的运动适于自然的轨道。第二，"就是社会现实状况的观察"。要观察人民的生活状况，分析社会各阶级及其相互关系，农工商业的组织和发展，中外贸易和资本的数量。第三，"政治状况的分析，尤为重要"。要知道军阀是如何成功的，经过怎样的变迁和派系离合，现在割据的状况，他们的相互关系及势力如何；要知道帝国主义列强是如何用武力的、政治的和经济的手段来侵略中国的，如何输入外资和商品、盘踞海关、协定关税致中国民族工商业破败、工人失业的，如何扶植中国军阀使中国内乱不息、民生破产的；还要知道中国现今一切阶级和政治党派的分子、内容、实力和他们的相互关系及对革命的态度。林育南认为："汇合以上种种知识，构成一个中国革命的政策，这才是革命实际的切要的知识。这种知识是要从实际的社会状况中的考察得来。"

关于革命才干的修养，林育南认为，这是革命者必要的工作，尤其青年时代，要积极努力地预备。要修养革命才干，关键"就是要肯去'干'"，要能应付事、应付人，能经过艰难的局势，解决繁难的问题。这种才干，不可能从书本上或课堂里获得，完全要从各种实际活动中得来，从做事上去学做事，从对人上去学对人，从做事对人中求得经验教训，这样才能把空的知识变为切实有用的知识，这种知识才是革命家所需要的。而从日常生活、处事接物、说话作文中都可以训练才干。

此外，品性的修养亦不可忽视。林育南教诲青年：没有坚忍不拔的意志，是不能耐革命经过的艰难的；没有刻苦耐劳的习惯，是不能过革命中流离穷困的生活的。要有刚健奋斗的精神，勇敢冒险的胆量，才能轻生死，冒危难，不顾一切地前进；要有精细耐烦的习惯，镇静从容的态度，才能在艰难的工作中鞠躬尽瘁，惨淡经营，不辞劳苦；在危险恐怖的形势中，布置调度，支持大局，不致慌乱。还要大公无私，方能得群众之信仰；态度和平，才不致引起同事的反感。这些都要注意修养，尤其是做领导工作的，应当特别注意。

林育南认为，只有在革命的实践中才能锻炼革命的品性。革命品性的修养，一个最重要的条件，就是"服从"。所谓"服从"，不是奴隶性的盲目服从，而是服从多数的决定，服从团体的纪律，服从真正的领袖根据团体的意志的指挥。这种服从是革命成功的条件，也是每个革命者必修的重要信条。革命品性修养还要具备忍耐精神。革命不是一朝一夕就能完成的，在革命的时机尚未到来时，要不断努力于下层的工作，宣传群众，教育群众，组织群众，促进革命时机的到来。这些工作都要埋头安心地去做，切不可急功近利，不要因一时无功效而放弃这些基本的重要工作，更不能因眼前的失败而对革命的前途悲观失望。只要不断努力奋斗，最后的胜利和成功是必然能够实现的。因此，既要有奋斗的修养，又要有忍耐的修养。"不能奋斗的人不能革命，然而不能忍耐的人亦是不能革命的。"林育南关于青年修养的论文，给青年指明了革命修养的基本方法。

为使青年们深入民众，投入革命斗争，林育南还把自己从事农民运动的经验总结出来，供去农村开展工作的青年参考。他告诫做乡村运动的青年"要能刻苦、忍耐"，通过办"平民教育社""平民书报室""平民小学""平民读书处""平民俱乐部"等方式，教农民读书、写字、念报、唱歌、游艺、演戏，逐步取得农民的信任，然后再发动他们起来斗争。

为激发广大革命青年的斗志，继承革命先烈未竟的事业，林

七·林祥谦烈士小传

林同志祥谦福建人，年三十五岁，在汉口京汉鐵路工务厂当机器匠。京汉鐵路工会江岸分会成立，他即为最艰苦的战士之一。他当过工会第一届的会计干事，第二届的会计委员。一九二三年二月京汉鐵路大罢工起时，他正当江岸分会正执行委员长，终于车站电桿上军阀吴佩孚萧耀南居杀能工工友的枪弹中，他即与其他六十余工友，迫令下命令上工，他抗声回答說：「上工要总工会下令的！但今天既是这样，我们寧可断，工不可上！」登时被砍三刀，頭断而死。

林育南撰写的《施洋烈士略传》和《林祥谦烈士小传》

育南还撰写了一批革命烈士传略。据不完全统计，有：《施伯高传》《林祥谦烈士小传》《哀悼我们的战士——黄静原同志》《哀悼我们的战士——卢春山同志》《悼唐际盛同志》《悼何昌琳同志》《苏兆征同志小传》等。这对广大青年前仆后继，踏着先烈的血迹前进是一个极大的鼓舞。

深入安源起草教育计划大纲

安源，是江西省萍乡县（现为萍乡市）城东南六公里处的一个古老矿区，蕴藏有储量丰富的优质煤矿。1893 年 3 月，清铁路总公司督办、汉阳铁厂督办盛宣怀，为了解决汉阳铁厂能源的需要，在这里设立萍乡煤矿局。1908 年，又以汉阳铁厂、大冶铁矿、萍乡煤矿三家组合为汉冶萍煤铁厂矿有限公司，成为近代中国最大的工业企业。萍乡煤矿也是 20 世纪初十大矿区之一，被誉为"江南煤都"。

20 世纪 20 年代初，安源路矿有 1.3 万名工人，他们深受日本帝国主义和中国官僚资本家的剥削压迫，生活极端痛苦，常有四五千名工人失业。中国共产党成立以后，便将这里作为开展革命工作的重点地区之一。1921 年秋，中共湖南支部书记、中国劳动组合书记部湖南分部主任毛泽东，便来到安源考察，还先后派李立三、刘少奇等到安源开展革命工作。1921 年 12 月，安源建立起中国社会主义青年团。1922 年 2 月，安源建立起中共安源路矿党支部。在中国共产党的领导下，安源的工人运动开展得轰轰烈烈，成为全国工人运动的一面旗帜。

1923 年二七惨案后，全国工人运动处于低潮，唯独这里红旗不倒，党团组织十分健全。1924 年 8 月，安源团地委仍有团支部

1922 年 9 月，安源路矿工人罢工并取得完全胜利

7 个，团员 237 名，是全国产业工人中最大的地方团组织。团中央局十分重视这里的工作。8 月，团中央局派恽代英前往此地视察；两个月后，又派林育南以团中央特派员的身份去指导工作。

1924 年 10 月 30 日晚 9 时，林育南风尘仆仆地从长沙来到安源，立即投入紧张的工作。他每天都要参加团地委和中共安源地委的会议，并入工棚、下矿井，广泛接触党员、团员和广大工人，与他们谈心。他看到安源工人运动在党的领导下朝气蓬勃，团的组织也很健全，十分欣喜，认为安源的革命前途"大有希望"。他原计划在安源住 3 至 4 日，因安源地委挽留，请他帮助团地委整顿工作，遂停留了 14 日。

在安源的这些日子中，林育南"每日均参加会议及参观各处，自觉得益不少，虽住十四日而全不觉长，且每日均繁忙也"。为加强对安源工人的教育，他与中共安源地委和团地委的负责同志经多次商讨后，起草了《安源教育计划大纲草案》（简称《草案》）。

《草案》阐明了无产阶级的教育目的：首先是识字，要使工人能够认识日常生活所应用的文字，且能记账、写信及读浅显的书报；第二是常识，要使工人略懂得一些必要的普通的自然科学和社会科学知识；第三是促进工人阶级觉悟，要向工人宣传马克思主义，使他们通过日常知识，明了造成困苦生活的根源及现社会的罪恶；第四是训练战斗能力，不仅要使他们脑筋中有阶级的观念，而且要发动他们作阶级争斗以求解放。

《草案》强调对工人教育的实施方法，应该是紧紧围绕教育展开，应该取工人日常生活的材料，联系实际。例如，不要凭空说军阀和资本家是我们的仇人，应该打倒，而是要联系工人的日常生活，说明工人的工钱为什么这样少，资本家为什么要赚钱，从中引导工人认识军阀如何刮取赋税苛捐，商人如何贪图取利，穷苦人民如何受掠夺，从而进一步说明工人受剥削的根源及解决的方法。

《草案》分析了安源工人教育的现状，提出应加强对工人阶级教育的领导，根据安源工人的实际情况拟订了安源工人教育的具体实施计划。这份《草案》，对指导安源工人教育起了重要作用。在林育南指导下，安源团地委的工作有了一个较大的发展。次年春，团支部发展到 26 个，一部分老团员退团后，许多先进青年入团，团员总数达 245 人，其中 60% 是新加入的。安源的工人教育事业也呈现出一派生机勃勃的景象。

参与领导青年与工人运动

1925 年 1 月，中国社会主义青年团在上海举行了第三次全国代表大会，决定把中国社会主义青年团改名为中国共产主义青年团。大会选举了新的中央执行委员会，张太雷、恽代英、任弼时、林育南、陈乔年等当选为中央执行委员和候补执行委员，任弼时任团中央书记。此次大会为组织广大青年迎接革命高潮的到来，做了思想上、组织上的准备。

5 月初，张太雷因赴莫斯科出席少年共产国际会议，辞去团中央书记的职务。根据党团联席会议的决定，团中央书记由林育南继任。由于团武昌地委领导无人"接替工作"，直到 6 月中旬，他才到上海担任团中央书记的职务。此时五卅运动已进入高潮，林育南参与了五卅运动的领导，主要负责宣传工作。在他的指导下，上海学联派出宣传队上街宣传，出版《血潮日刊》《英文周报》，向国内外人民宣传党的决议和五卅运动的意义。

除主持团中央日常工作外，他还深入上海恒丰纱厂、上海丝厂和大风纱厂等地调查情况、指导工作。听说上海恒丰纱厂办起了工人夜校和工人识字班，入校学习的工人思想进步，人数较多，林育南对此极为重视。他常到夜校和识字班去讲课，给团员上团课，和工人交朋友。他平易近人，没有架子，与工人打成一片，讲课态度从容，通俗易懂，富有启发性，深受工人欢迎。在办夜校基础上，林育南将优秀青年工人吸收入团，进一步发展壮大了团组织。

五卅运动后，根据党的决定，林育南从青年运动又转入工人运动。为加强对工人运动的领导，林育南和项英、李立三等人奉命于1926年9月17日，成立中华全国总工会汉口办事处，负责领导湖北、安徽、江西、四川、湖南、河南6省的工人运动。

10月10日凌晨，武昌城炮声隆隆，号角阵阵。以铁军第四军为主力的北伐军，向北洋军阀吴佩孚残部发起总攻击。北伐军在守城起义军的配合下，分几路登城墙，在蛇山畔与顽敌激战，生俘守城司令刘玉春、陈嘉谟，解放了武昌。当天上午，武汉工人群众敲锣打鼓，喜气洋洋，齐集在汉口公会堂举行湖北全省总工会成立盛典。

湖北全省总工会办公室内景

湖北全省总工会旧址（汉口友益街）

林育南在全国总工会汉口办事处工作的同时，参加了中共湖北区委的领导工作，任区委委员，并参加筹办区委机关刊物——《群众》周刊。1926 年 11 月 1 日，这份以"群众的革命化"和"革命的群众化"为主旨的刊物正式与广大读者见面。林育南在该刊上先后发表了《革命发展与投机事业》《反革命之一密》等 8 篇文章。

　　在二七惨案四周年的日子，林育南特别撰写了《追悼

《二七四周纪念特刊》

"二七"及全国劳动运动死难的战士》等3篇文章，发表在《群众》"二七"四周年纪念特刊上。他号召革命的兄弟们，发挥"二七"战斗的革命精神，继承"二七"烈士们未竟的事业，前仆后继地战斗，"一直到打倒一切敌人，一直到我们革命成功"。

《群众》周刊问世不久，林育南根据党的安排，集中全力领导工人运动。该刊由罗章龙、恽代英、恽代贤继办。《群众》《楚光日报》和《民国日报》都是党的喉舌，成为宣传党的纲领、团结广大民众、打击敌人的有力武器，推动大革命的洪流滚滚向前。

加强干部培训和群众教育

湖北全省总工会成立后，林育南的工作更加繁忙。他从斗争的实践中认识到，培养和造就一批有一定理论修养和文化水准的工人干部，是使工人运动继续向前发展的关键。

因此，根据全省总工会第一次代表大会决议精神，他建立了一个强有力的宣传班子，成立了工人运动训练班、宣传训练班、农工通讯社、《工人导报》、宣传总队、出版处和教育委员会等机构，选派能力强、经验丰富的干部去加强各部门的领导工作，采取了许多行之有效的措施，加强对工会干部的培训和对工人群众的教育。

继 1926 年冬工人运动讲习所第一期学员毕业后，1 月 21 日，林育南主办的工人运动讲习所速成班正式开学。该班聘请刘少奇讲授工会组织法、工会经济问题；董必武讲授国民党农工政策；李立三讲授劳工运动史；恽代英讲授国际政治、经济状况；林育南亲授工会宣传工作和工会应用文等课程。由于他们熟谙马列主义理论，学识宏富，讲课内容深入浅出、通俗易懂，理论联系实际，深受学员们的欢迎和爱戴。这批 70 余名学员毕业后，被派往武汉各工会及附近各县担任工人运动的领导工作，发挥了骨干作用，成绩斐然。

林育南还亲自抓职工教育，领导总工会教育委员会主持制定了《湖北全省总工会发展工人教育的宣传大纲》，使湖北的工人教育事业蓬勃发展。到 5 月份，在武汉各工会中建立的工人学校有 53 所，教员 175 人，学生 7700 多人。同时，出版了大量的通俗读物，如刘少奇撰写的《工会经济问题》《工会基本知识》《工会代表会》和《工会组织法讲义》等。林育南还加强了对宣传队的领导与训练，开展多种形式的宣传活动。到 6 月底，各级工会组织中已建立宣传队 300 多个，有宣传员 1300 多人。

在刘少奇、李立三、林育南等人领导下，湖北全省总工会的工作欣欣向荣。至 6 月初，工会会员发展到 51 万多人，湖北成为全国工人运动最为高涨的省份。

坚持真理

LIN YUNAN

组织领导收回英租界

1926 年 12 月 30 日，湖北全省总工会第一次代表大会预备会在汉口血花世界（今民众乐园）举行。林育南主持了这次会议。会议通过了大会主席团、秘书厅和提案审查委员会的名单以及大会议事日程和规划等，选出李立三、刘少奇、许白昊等 21 人为大会主席，林育南为大会秘书长。

1927 年 1 月 1 日，湖北全省总工会第一次代表大会在热烈的掌声和欢呼声中正式开幕。这是湖北工人阶级的盛大聚会。出席这次盛典的代表共 588 人，代表工会 320 个，会员 30 万人。中共湖北区委、中华全国总工会、中国国民党中央执行委员会、中国国民党湖北省党部以及各军政机关、人民团体都派代表前往祝贺。

这次大会通过了林育南主持起草的《湖北全省总工会第一次代表大会宣言》《湖北全省总工会章程》《执行委员会会务报告决议案》等文件。他在大会上作了关于宣传及教育问题和女工童工问题两个报告。大会根据林育南的报告，分别作出了《宣传及教育问题决议案》和《女工童工问题决议案》。

1 月 10 日，大会选举李立三、刘少奇、林育南、项英、许白昊等经过斗争考验的具有丰富斗争经验的工人领袖为总工会负责人。林育南任宣传主任。大会期间，发生了"一三"惨案。李立三、刘少奇、林育南等人立即领导湖北工人群众，投入反对英帝国主义、收回英租界的斗争。

1月3日下午，为庆祝北伐军胜利和国民政府在汉办公，中央军事政治学校武汉分校宣传队在汉口一码头江汉关前与英租界毗连的广场演说，现场"听众极多，肩头相接，宣传队内特别派有专人照料，秩序井然"。然而，英帝国主义却调派大批武装水兵登陆，有意挑衅。宣传队员和广大听众见状，"均退入华界"。英国士兵"汹涌冲入，用刺刀向人丛乱杀"，当场杀死中国海员1人，重伤四五人，轻伤30余人。

帝国主义屠杀中国人民的罪行，激起了全国人民愤慨。汉口各团体的代表义愤填膺，在李立三、刘少奇等同志指导下，连夜召开紧急会议，商量对策，并恳请国民政府对英提出强烈抗议。参加全省总工会第一次代表大会的代表怒不可遏，并在李立三、刘少奇、林育南等人领导下，召开声讨会。林育南慷慨激昂发言，痛诉惨案经过，怒斥英帝国主义暴行，领导大会秘书处草拟了《为反对英水兵惨杀同胞通电》，提出六项条件和五项办法，檄电全国。通电还号召全国人民："一致奋起，以最大的努力，扑灭此人类公敌世界恶魔之英帝国主义。"

在中国共产党和武汉民众的推动下，武汉国民政府也立即举行会议，派出代表向英领事提出口头抗议。

1月4日，武汉农工商学各界代表500多人，在汉口商会举行联席会议，确定由湖北全省总工会、总商会和学联等十个团体组织武汉市民对英外交委员会，负责对英帝国主义交涉，并决定于5日举行对英惨案示威运动大会。

5日中午，乌云翻滚，天色昏暗，一场大暴雨即将来临。汉口济生三马路人山人海，喧声雷动，40万民众在此举行追悼"一三"惨案死难同胞暨反英示威运动大会。开会不久，大雨倾盆而下，但会议秩序井然。会后40万群众冒雨游行。李立三、林育南等人率领出席全省总工会第一次代表大会的代表走在队伍前面。

游行队伍刚踏入英租界，又遭巡捕阻拦，双方再起冲突。怒气冲天的工人和群众驱逐了巡捕，一举占领了英租界。当天，武汉国民政府成立了汉口英租界临时管理委员会，正式收回英租界。刘少奇、林育南等人立即组织湖北全省总工会派出慰问队，敲锣打鼓前往慰问，同时派出纠察队300名队员进驻租界，协助维持秩序。

1月6日，九江工人群众也英勇地夺回了九江英租界。

中国人民经过半个多世纪的奋斗，终于第一次收回英租界，这项斗争将永载史册。

1927 年 1 月 3 日，英帝国主义水兵与民众冲突情形

1927 年 2 月 19 日，英帝国主义正式把汉口、九江英租界归还中国

林育南画传

"枪决不能交！"

大革命的洪流汹涌在长江流域，帝国主义惊恐万状。他们一方面拼命支持北洋各派军阀，企图遏制革命洪流；另一方面加紧收买国民革命军总司令蒋介石，阴谋从内部分裂革命阵营。蒋介石投靠帝国主义，叛变革命的第一步，就是挑起迁都之争。

北伐军攻下南昌后，蒋介石于1927年1月初就操纵国民党政治委员会临时会议，背弃国民党中央及国民政府会议迁都武汉的决定，叫嚷迁都南昌，妄图掌握革命领导权。

蒋介石的迁都阴谋立即遭到中国共产党人、国民党左派和革命民众的反对，武汉掀起了声势浩大的反对专制独裁、反对迁都南昌的群众运动。

1月12日，蒋介石到武汉窥探形势。他一方面高唱打倒军阀的高调，借以标榜自己，迷惑民众；另一方面大肆活动，用请客送礼、封官许愿的手段，企图拉拢一些在湖北武汉有影响的共产党人和国民党左派。回到南昌后，他更加快了反革命的步伐。2月27日，阳新土豪劣绅残杀农民协会、工会干部5人，制造了轰动一时的阳新惨案。3月10日，中央军事政治学校武汉分校内蒋介石的爪牙制造了"三一〇"反革命事件。这一天，林育南在"血花世界"主持召开全省总工会宣传会议，当会上高呼"打倒军事独裁""提高党的威权""一切权力归于党"的口号时，军校少数反动学生以维护蒋介石的威信为名，闯入会场，拘捕了4名工会代表。两天后，蒋介石又指使反动派，在江西赣州杀害了工人领袖陈赞贤。

为反击蒋介石的反动气焰，在中国共产党的推动下，武汉国民政府发起了声势浩大的"提高党权、反对独裁"的运动，坚决主张革命首都迁到武汉。毛泽东、董必武、恽代英、林育南、吴玉章等共产党人和国民党左派宋庆龄、邓演达等，坚定地站在反蒋斗争的前哨。

阳新惨案发生后，林育南立即写了《铲除土豪劣绅》一文，愤怒谴责反动的地方势力残杀革命干部的卑劣行径，号召人民铲除这批害人虫，巩固新生的革命政权。"三一〇"事件发生后，他和恽代英等人果断处理了这起反革命事件。军校逮捕了肇事者，连夜派出学员代表向总工会道歉。全省总工会当即发表严正声明，指出这是一小撮反革命企图破坏革命，从而挫败了反动派挑拨革命军队和工人团结的阴谋。赣州惨案的消息传到武汉，林育南奋笔挥毫，写了《反对新军阀惨杀工人》《反革命的丑态》《打倒新式军阀》三篇战斗檄文。

4月12日，蒋介石在上海发动了反革命政变，血腥屠杀工农群众。武汉迅速掀起了声讨蒋介石的怒潮。毛泽东、董必武、恽

四一二反革命政变中反动派屠杀革命群众

代英、吴玉章和宋庆龄、邓演达等人发出了声讨蒋介石的声明。在刘少奇、李立三、林育南等人领导下的总工会也发出《讨蒋通电》，列举蒋介石的六条罪状，号召湖北全省工人阶级行动起来，"打倒叛党叛国残杀工农之新军阀蒋介石"。

面对突如其来的屠杀，林育南和恽代英等人向中共中央和共产国际代表提出紧急倡议，主张采取断然行动，武装工农，保卫武汉革命政权。然而，这个建议遭到陈独秀的拒绝。

1927 年 4 月 27 日，中国共产党第五次全国代表大会在武汉召开。林育南出席了这次会议，并当选为中央候补委员。大会以后，他承担了筹备太平洋劳动大会的任务。太平洋劳动大会闭

中国共产党第五次全国代表大会开幕地点旧址——国立武昌高等师范学校附小

幕后，林育南作为全国第四次劳动大会筹备主任，又投入新的战斗。

6月19日，全国第四次劳动大会在汉口举行。这次大会是在"危机四伏，白色恐怖日渐严重"的形势下召开的。大会通过了《政治报告决议案》《组织问题决议案》等13个文件。大会期间，传来了要解散工人纠察队和交枪的消息。林育南按捺不住内心的怒火，拍案而起："枪决不能交，这一千多条枪是我们的家底，家底怎能给人家?!"

在他与工会多数领导同志的坚持下，大会通过的《组织问题决议案》明确写道："中国工人运动的发展，已进一步与工人阶级的敌人短兵相接，并已由单纯的经济斗争发展成为政治的武装斗争的情势"，因此，"工人的武装组织更为重要"。大会还提出要加紧武装工人，进行武装训练，其办法是：

（一）动员觉悟的工人参加军队或军事学校；

（二）组织工人武装纠察队；

（三）组织秘密的工人武装；

（四）组织工人义勇队，在工余时进行武装训练。

但是，中共中央政治局在陈独秀主持下，于28日召开紧急会议。李立三、苏兆征等人因开全国第四次劳动大会而没有出席。会上经过激烈的讨论，最后作出了公开宣布解散工人纠察队的决定。次日，湖北全省总工会遵照中央的命令，在汉口《民国日报》上，发出了湖北全省总工会解散纠察队的布告。

同日，全国第四次劳动大会闭幕。大会选出李立三、邓中夏、林育南、刘少奇、项英、苏兆征等35人为全总执行委员，林育南被选为常委、秘书长。此时的林育南心情十分沉重，他是

武汉地区工会组织
的工人纠察队

坚决反对交枪的，但作为一名党员，却又不能不执行中央决议。一块巨石沉甸甸地压在他心上，但他仍以高昂的革命精神，在瞬息万变的时局中坚持斗争，迎接着严峻考验。

"必须停止武汉暴动"

1927年7月15日，汪精卫终于扯下了"左"派的假面具，大肆逮捕与屠杀共产党员和革命群众。街上贴满了缉捕共产党人的布告。汉口空场、武昌阅马场时时响起刺耳的枪声，一批又一批的革命群众倒在血泊中。红色的武汉顿时变成了反革命大屠场。

然而，中国共产党人没有被吓倒。早在7月12日，根据共产国际执行委员会的指示，中共中央进行改组，由张国焘、李维汉、周恩来、李立三、张太雷组成中央临时常务委员会。就在汪精卫"分共"这天，临时中央派罗亦农接替张太雷担任中共湖北省委书记，负责领导湖北地区的工作，林育南为新省委的成员，负责宣传工作。八七会议后，他根据党确定的土地革命和武装反对国民党的总方针，积极参加领导秋收起义。

按照党中央的统一部署，中共湖南省委于9月8日颁布了夺取长沙的命令，指示各地起义军于16日会师长沙，夺取省城，建立中国革命委员会湖南分会。为配合攻占长沙这一战略行动，

罗亦农（1902—1928）

党中央作出了破坏粤汉、萍株铁路，举行罢工的决定，并委派林育南赴长沙指导暴动工作。

9月9日，鄂南、湖南秋收起义战斗打响。林育南冒着枪林弹雨，肩负党的重托到达长沙，向中共湖南省委领导人传达中央的指示与决定，旋即召开工委、农委和军委以及铁路党团等各种会议，"商量破坏铁路及罢工问题，但所决议者大多难于实现"。因为"长沙暴动事非常困难，敌人的武装军队比我们的徒手多得多，我们只有枪十支，炸弹很少……我们所有机关的负责人及暴动计划全被敌人知道，形势极其危险。我前提出省委负责人应有经常接头及商量的机会之议，现在更不能做到"，长沙暴动"在实现上终于无效"。18日，林育南返回武汉，向党中央报告了长沙暴动的准备及失败的原因。

9月28日，中共中央决定成立中共长江局，罗亦农为书记，代行中央职权，指挥鄂、湘、赣、蜀、皖、陕、豫七省的革命运动与党务工作。10月上旬，湖北省委再次调整，由郭亮任省委书记。因郭亮未到职，任旭为代理书记。林育南为省委常委，负责宣传工作。11月，罗亦农、任旭去上海参加中共临时中央政治局扩大会议，由林育南任代理省委书记。

为了教育组织群众，中共湖北省委创办了秘密党刊《大江》。林育南和黄松龄、向警予等具体负责编辑工作。这个刊物内容广泛，文字通俗易懂，形式生动活泼，深刻揭露国民党新军阀反共反人民的暴行，号召人民起来斗争，成为在黑夜里给人民指明方向的一盏明灯。

由于白色恐怖，一些基层党组织遭到严重破坏，一批党员、团员被杀，还有一些党员、团员与组织失去联系。有的怕死鬼、软骨头或落荒而去，或向敌人递了投降书。湖北地区党员由大革命时的3000人，迅速降到600人，有组织的工人群众也总计不到8000人。

为了恢复党的战斗力，林育南和罗亦农等人四处奔走，聚集整顿被打散的革命队伍，将与组织失去联系的党员、团员重新组织起来，坚持地下斗争。

随着寒秋的到来，白色恐怖如秋霜越来越浓，街上到处贴满了通缉林育南等共产党人的布告。一天，刘文岛又来到林协兴色布行，对林育南父亲说："你告诉林育南，只要他放弃共产主义信仰，皈依三民主义，政府将给予重用；否则，后果不堪设想。"林育南知道后坚定地说："我林育南不是庸奴之辈，金钱地位如粪土，共产主义的信仰决不移！"反动派没捉到林育南，便把他的父亲抓入大牢。敌人的迫害，没吓倒林育南，令他更勇猛地投入残酷斗争中。

党的八七会议，确立了土地革命和武装反抗国民党的总方针。根据这次会议的精神，一大批优秀的共产党人，奔赴全国各地农村，举行秋收起义。同时，这次会议反对了政治上的右倾机会主义，但是在反对右倾错误时，没有注意已开始滋长的"左"倾情绪，助长了冒险主义和命令主义。在这种错误倾向影响下，中共湖北省委和共青团长江局决定趁宁汉战争爆发之机、唐生智政权呈崩溃之势，发动两湖暴动，夺取武汉。

林育南从长沙暴动的挫折中认识到，大革命失败后，国民党新军阀在中心城市实行白色恐怖，加强了反革命统治，暂时处于稳定时期；而保存下来的革命力量极其有限，若不从实际出发，盲目暴动，无异于以卵击石。在省委会议上，林育南多次陈述自己的见解，不同意中国革命"不断高涨"的错误估计，不同意武汉暴动计划。

长江局书记罗亦农也坚决反对所谓夺取政权的总暴动。10月29日，他主持长江局和湖北省委负责同志开会，明确说：目前党的主要斗争策略是"积极领导工农以及一般的劳苦群众反新军阀战争，聚集与扩大工农群众的阶级力量，加紧一般的劳苦群众的政治的宣传，加紧乡村中土地革命之发展，创造一新的革命的大潮，准备一夺取政权的总暴动，但目前绝非继续总的暴动时期"。林育南全力支持罗亦农的意见。11月26日，林育南在谈及湖北党的组织状况及各地工作时指出："湖北党部组织太不成。下层之支部很难照党的计划进行，不但'八七'之决议未达到群众中，甚至干部分子统未看到《中央通讯》及党报。因此'八七'开一中党之新生命，可惜并未达入群众中。""据我视察，整个党之政策口号未达入群众中，同志亦不了解，如此现象，怎样能实行罢工呢？"在罗亦农、陈乔年、林育南等人坚持下，停止了毫无胜利希望的武汉暴动计划。

然而，这一正确决定遭到了不公正指责。共青团湖北省委常委刘昌群、韩光汉等人向中央控告罗亦农和湖北省委"犯了极严重之机会主义错误"，要求中央"彻底追究"。

12月9日，由苏兆征、郭亮、贺昌三人组成的中央特别委员会（苏兆征为书记）来到武汉，"查办"长江局和湖北省委的"错误"。"查办"结果认为：长江局和罗亦农"犯了极深的机会主义之遗毒"，湖北省委也同样"犯有机会主义的严重错误"，决定给罗亦农、陈乔年以开除出中央委员会的处分，给汪泽楷、林育南、任旭以开除省委委员、严重警告处分，给黄五一等人以严重警告处分，请求中央批准，并由特委会代行省委职权。

林育南出于公心，以党的事业为重，在蒙受错误打击后，仍然兢兢业业，埋头为党工作。

由于全国总暴动方针在实践中遭到严重挫折，尤其广州起义失利后，党中央不得不对城市起义采取比较审慎态度，连续发布指示，纠正各地不顾主客观情况盲目暴动错误。12月24日，党中央政治局开会，重新讨论武汉暴动问题，确认长江局和湖北省委停止武汉暴动是正确的，为罗亦农、林育南等人恢复了名誉。

"重新结合革命力量"

1927年11月以后，由于沪东纱厂工人大罢工失败，上海市沪东区委书记刘少猷身患重病，部分区委成员被通缉，沪东地区的革命力量遭到极大摧残，党组织屡遭破坏，党员人数明显减少。

1928年1月，有着丰富工运经验的林育南临危受命，来到沪东区担任领导工作。他深入工人群众，了解工人疾苦，分析工人现状，深入细致调查了沪东地区党组织存在的问题后指出："由于我党指导上的错误，组织上的弱点，使沪东区党组织完全解体，工会解散，许多同志及工人领袖被开除，沪东区委也因失败影响而消极。"

他针对尚存的基层党支部的实际，提出要"整顿和改造支部，恢复工会组织，办工人学校，重新结合革命力量，找同志谈话，从思想上加强教育，分派同志的工作"。在全面了解沪东区党组织的实情后，他向中共江苏省委报告了沪东区概况并提出区委工作方针，即："要极力纠正区委及同志的旧观念，打破无出路和恐惧的心理，指出新的出路和新的工作方法，一步一步地重新建立党的组织，要以艰苦忍耐的精神，在困难的环境中创立我们的组织和工作。"

到 1928 年 5 月上旬，在不到 4 个月时间里，经过林育南等区委同志努力，沪东区工作得以较快恢复和发展。党的组织重又建立和健全起来，几个重点基层支部的党员队伍也有所恢复和发展。厚生纱厂有党员 40 人，怡和纱厂也有党员 38 人。

中共沪东区委还注意抓工会工作。3 月，首先对厚生纱厂工会进行整顿，采取措施调整工会小组和干部，清查工会经济，重新确定工会的管理规则，并开办工人学校。工人学校白天教工人的孩子读书，早晚办成人读书班，教工人识字，学算术，讲革命故事，从文化启蒙入手传播革命真理。林育南常去的思恩平民义务学校还成为中共沪东区委的一个活动据点，不仅厚生纱厂工会经常在此集会，区委也常到学校楼上开会，研究革命工作。

1928 年春天，新老怡和等纱厂经常发生工头殴打工人事件。针对这一情况，林育南主持召开中共沪东区委会议，认为新老怡和有一定群众基础，决定由老怡和纱厂党支部书记毛春芳（欧阳洛）联系两厂工人进行罢工，以维护工人利益。毛春芳利用怡和厂职员身份，因势利导，成功组织两厂工人进行了一次反对工头打骂工人的罢工斗争。经两厂工人联合斗争，英国资方只得委托毛春芳出面调停。通过工人代表与资方谈判，厂方答应开除殴打工人的工头，罢工半天的不扣工资，释放在罢工中被捕的工人，燃放爆竹，用汽车将被捕工人接回，恢复他们的工作，还发给每人10元钱的津贴费。这次斗争的胜利，使工人群众的斗争情绪又逐渐高涨起来，对周边其他工厂也有一定影响。瑞镕船厂、中华铁工厂等都进行了工人要求增加工资、改善待遇的斗争。

林育南在中共沪东区委工作时间虽然只有短短4个月，但他不辞辛劳、身先士卒、勤奋工作，在实际工作中不断纠正"左"的错误，为沪东区党组织的恢复和发展打下基础，作出了卓越贡献。

LIN YUNAN

要从"万层痛苦中挣扎起来"

1929 年春，林育南奉党之命再度赴沪，从事全国总工会工作，并与罗章龙、项英一起，秘密编辑全总机关刊物《中国工人》。

《中国工人》1924 年 10 月在上海创刊，是中共中央创办的综合性工人刊物，由罗章龙主编。1925 年 5 月停刊，1928 年 12 月 1 日又在上海秘密复刊。林育南从第 4 期开始编辑该刊，当时的主要工作就是指导和报道上海法租界工人的罢工斗争。

大革命失败后，工农阶级受到的经济剥削和政治压迫尤胜从

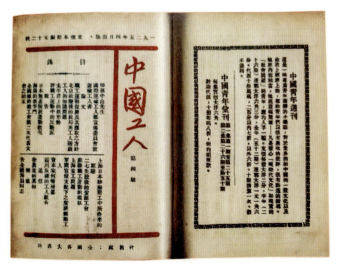

1925 年 4 月出版的《中国工人》

前，特别在上海，情况更为突出。1929 年 12 月 3 日，上海法租界电车、电灯、自来水、公共汽车各部 1500 余工人因不堪忍受法帝国主义和法资本家剥削、压迫和欺侮，宣布全体罢工，并表示非达目的不止。

法商水电罢工后，国民党上海市党部、市社会局和御用的黄色工会三机关代表马上跑来干涉。第一步，就是包办了罢工委员会；然后，又用障眼法成立了一个所谓的"后援会"，一方面借以拒绝真正后援会的参加，另一方面勾结国民党上海市公安局和租界巡捕房，拘捕了前来声援的各工会及市政业代表，诬指他们为"共产党秘密集会"并投入监狱；他们还用欺骗手段，诱骗工人复工。

经过上下其手的操弄，轰动一时的法商水电罢工潮被镇压下去了。当工友们含垢忍辱复工时，法国工头职员竟嘲笑他们说："公司并没有表示答应条件，你们为什么就复工了呢？"说罢哈哈大笑。工友们气愤至极，只能隐忍不言。此后，"公司借故开除十余人，重罚卖票工友数人，且多系罢工时比较活动的分子。一切压迫较罢工前有加无减"。

这种种侮辱更激起了工人们愤怒，于是决定，从 12 月 16 日起，全体工友举行第二次大罢工，并发布罢工宣言。尽管第二次罢工中，工人群众的斗争情绪比第一次高涨得多，也吸取了第一次罢工失败的一些教训，但这次斗争依然失败，工人最后还是被迫复工。

对于这两次罢工，林育南深刻分析了失败原因。他认为，罢工失败的关键原因是国民党控制了黄色工会，从而使红色工会丧失了罢工领导权。他的分析当然是对的，但上海法租界水电工友罢工失败，还与大革命失败后全国革命处于低潮的大背景紧密相关。

自从蒋介石叛变革命转向反革命路上后，对全国工农、平民以至民族资产阶级的压迫，比从前更加残酷。项英在总结1928年中国职工运动《过去一年来职工运动发展的形势和目前的总任务》一文中曾指出，目前工人阶级的生活状况"是一天比一天的恶化了"。据不完全统计，自1928年1月到8月，全国被屠杀的"不下10万人，其中有27699人经过正式宣布罪状而执行死刑的，有17200人被拘禁于狱中，在工厂中实行连坐法，假使有某一工人被发现了与红色工会有些关系，那么，他附连的5个乃至10个工人便须连坐，轻则开除，重则拘捕屠杀，工人在进厂时须缴纳相片，并须有殷实的铺保和大手印……如发现了（甚或仅凭猜度）工人有赤化嫌疑，即格杀勿论"。

在这种情形之下，工人罢工斗争尽管表现出英勇斗争的精神，但要取得胜利，几乎是不可能的。另从上海1928年11月至

12 月工人罢工斗争的实际情况看，据不完全统计，这段时期内，上海共发生了包括法商水电在内的 16 起罢工斗争，几乎全部失败。这就更加证明了，在全国革命处于低潮的情况下，在城市进行罢工斗争要想取得胜利是不可能的。

乔装"南洋华侨"筹办劳动大会

1929 年初冬，一位"华侨富商"以每月租金 60 两白银租用了上海繁华区英租界卡德路（现石门二路）和爱文义路（现北京西路）交叉口的一栋坐北朝南的三层楼房（今北京西路 690—696 号），作为住宅。这位"华侨"中等身材，脸面方正，一对浓眉引人注目，西装革履，风度翩翩。他的"妻子"面如满月，唇红齿白，一袭金丝绒旗袍包裹着高挑的身材，尽显雍容华贵。

这位"华侨"就是林育南，而他的"妻子"名叫张文秋，刚从济南第一监狱脱险来沪。此时，全国总工会决定召开第五次全国劳动大会，林育南任秘书长，负责大会筹备工作。为迷惑敌人，根据党的指示，他乔装成一个从南洋新加坡回国经商的华侨，化名李少堂，与张文秋结成假夫妻开展地下工作。

他们租了这栋相当宽敞的三层楼房，作为革命活动据点。房子三面临街，都有大门可以出入……楼下一层是林育南和张文秋的住室，陈设有各种阔气的日用家具；楼上两层则是办公和开会的地方，在各个房间里备有草席，个别房间里还有一两张桌凳，供前来开会的同志使用。楼上临街房间的玻璃窗，都挂有墨绿色呢窗帘，以防止街面有人发现室内情况。他们还故意摆出很阔绰的样子，雇有大师傅、老妈子等各种"佣人"，其实这些所谓"佣人"都是由自己的同志或同志们的亲属装扮而成。从表面看来，这栋楼房俨然就是一资本家的住宅，谁见了都不会起疑心。

1929 年 11 月 7 日至 11 日，第五次全国劳动大会在此秘密召

第五次全国劳动大会旧址（今上海市北京西路 690—696 号）

开。参加这次大会的有全国总工会代表，有铁路、海员、矿山、五金、纺织及上海、天津、满洲（东北）、山东、河南、福建、香港代表，还有闽西红色区域总工会代表共30多人。这些代表都是产业工人经过各业、各地工人选举出来，并且都是群众斗争中最勇敢的战士。

大会由李立三、项英等7人组成主席团主持会议。开幕后，林育南受党中央委托，宣读了中国共产党中央委员会的祝词。祝词分析了国内形势，并提出了中国工人阶级的历史任务，最后庄重宣告：

> 中国共产党始终是站在革命的方面，始终要执行工人阶级的先锋队的使命，而与本阶级密切联络地向一切阶级敌人进攻，为中国革命的胜利而奋斗！为工人阶级的解放而奋斗！为世界共产主义的伟大前途而奋斗。

祝词像战鼓，在所有代表心中擂响，增强了他们在白色恐怖下与阶级敌人斗争的勇气；亦似启明星，给中国工人阶级指明了奋斗目标和前进方向。

这次大会确定了中国工人在目前阶段最根本的任务，那就是联合农民结成坚固的联盟，准备武装暴动，积极推翻帝国主义与国民党的反动统治，消灭封建的残余，帮助农民实行土地革命，建立工农兵代表会议——苏维埃政权，完成中国革命，以达到工人阶级的解放。

大会最后通过了由林育南主持起草的《中华全国工人斗争纲领》《工会组织问题决议案》等 13 项议案，发布了《第五次全国劳动大会宣言》，并选出邓中夏、史文彬等 27 人为第五届中华全国总工会执行委员，张金保等 18 人为候补执行委员。在第一次执委会上，江俊（项英）被推举为总工会委员长；周基础为秘书长；林育南为总工会编辑委员会主任，旋即又代理总工会秘书长一职。

在白色恐怖中参与创建苏维埃

1930 年 5 月 20 日，繁华的南京路，到处布满了巡捕和军警。人群熙攘的大街上，警车时不时呼啸而过。在五卅运动五周年之际，租界当局害怕中国人民举行反帝游行示威活动，巡捕、军警倾巢而出，四处游弋，如临大敌一般。

英租界卡德路和爱文义路交叉的李公馆与平素一样，大门紧闭。几个巡捕在周围逡巡，他们谁也不敢贸然闯入这座颇为气派的李公馆。然而此时，大楼内却有 48 人正在召开一个具有历史意义的大会——中国共产党第一次全国苏维埃区域代表大会。

绚丽的阳光穿过窗幔落在李公馆三楼一间客厅布置而成的会议室里。客厅当中排列一个颇大的"工"字形的长桌，桌上铺着红布，红布上摆着一盆盆鲜花。长桌正前方的墙上，悬挂着马克思和列宁的像。这一切都是林育南和张文秋精心设计和布置的。桌上的盆花，寄托着他们美好的心愿——让苏维埃政权像鲜花一样开遍全国。

1930年2月17日，中共中央发出《中国共产党为召集全国苏维埃区域代表大会致全国总工会信》。全总立即响应党中央的倡议，于3月18日发出《为赞同中共中央执行委员会提议共同发起召集全国苏维埃代表大会的复信》，表示完全接受中共中央提议，并认为"这一苏维埃代表大会之成功，就是中国苏维埃革命成功之信号，中国革命定更快地发展和深入，直到武装暴动，推翻反动统治，建立苏维埃工农兵代表会议政权"。

接着，中国共产党中央与中华全国总工会联合发表了《为召集全国苏维埃区域代表大会联合宣言》，同时委派罗章龙为筹备主任，林育南为秘书长，张文秋、彭砚耕为秘书，共同筹备这次会议。此后，林育南将全部身心倾注在大会的筹备工作中。经过两个多月筹备，全国苏维埃区域代表大会终于在白色恐怖笼罩下的上海秘密召开。

此前，为营造革命舆论，宣传苏维埃区域代表大会的意义以及如何以实际行动迎接大会的召开，林育南在罗章龙主编的全总机关刊物《劳动》上，先后发表了《中国共产党中央委员会、中华全国总工会执行委员会发起召集苏维埃区域代表大会》《为什么召集苏维埃区域代表会？》《中华全国总工会为"五一"纪念宣言》和《中华全国总工会拥护苏维埃区域全国代表大会宣言》等文章，同时还开辟了"拥护苏维埃大会""红军发展消息"等专栏，积极宣传苏区情况和红军战绩，并撰写了《中国苏维埃区域的工人运动》《苏兆征与中国苏维埃》和《拥护苏维埃区域代表大会》等文章。

此时的林育南，经过艰苦卓绝的革命实践，终于看到了中国工农革命的希望所在，他认为，随着全国工人斗争的发展，农民运动的普遍，苏维埃版图的扩大，苏维埃革命的最后胜利就在不久的将来。他对未来满怀着胜利的信心。

参加这次会议的代表不仅有各苏维埃区域的工农战士和红军兵士，还有全国各主要省区，产业中心的工、农、兵、贫民、革命青年以及革命组织的代表。经过代表们的认真讨论，会议通过了苏维埃政府政纲、劳动法、土地法、扩大红军决议案等，还发表了《全国苏维埃区域代表大会宣言》。

会议期间，与会代表都住在这栋房子里，晚上打地铺睡觉，"关系似兄弟""组织如家庭"。他们依照大会规定的秘密生活条例而发言、讲话、走路，以及一切起居的行动。吃饭时，为了减少凳子的搬动声，大家都像士兵一样站着吃饭。

张文秋负责管理代表们的衣食住行。她热情、负责的工作态度，赢得了所有代表的赞扬，也给柔石留下了深刻印象。他在《一个伟大的印象》中描写道："一位姐姐似的女同志，她的美丽的姿态和甜蜜的感情，管理着我们所需要的用品的购买和接洽，并且每晚睡觉之前，向我们作'晚安'。"

会议期间，林育南特别紧张和忙碌。他作为大会的秘书长，既要参加会议的讨论，起草文件，组织编写会议简报，还要参加大会领导核心会议，作出决策。这一切，他都一肩承担下来，出色地完成了任务。会后，他与张文秋又秘密安全地将各地代表护送出沪。

第一次全国苏维埃区域代表大会召开以后，党领导的工农武装急剧发展，农村革命根据地迅速扩大。到1930年秋，全国建立起大小农村革命根据地15块，红军发展到10万人，游击区域达10多个省、300多个县。与此同时，党在国民党统治区的工作也有了恢复和发展。第五次全国劳动大会召开时，工会委员只有3万多人，到1930年9月激增到11.5万余人。上海、武汉、天津、哈尔滨、厦门等地恢复了地方总工会，领导工人群众取得了许多罢工斗争的胜利。学生运动和国民党军队中的士兵运动也有所发展。

在这有利于革命发展的形势下，"建立中央苏维埃政权，已经是全国工人阶级与革命民众的当前任务了"。为此，中共中央决定建立全国苏维埃代表大会中央准备委员会（简称"苏准会"），由林育南担任秘书长，负责筹备组织工作。

为了掩护革命，林育南在上海玉佛寺槟榔路（今安源路）附近的德馨里办了一所德馨小学。林育南自称姓华，以"华校长"的职业身份开展革命活动。

深秋的一个晚上，秋风瑟瑟。突然，一群荷枪实弹的反动军警，三步一岗、五步一哨将德馨里包围。在昏暗的路灯下，一群黑黑的人影悄悄逼近德馨小学。这时，林育南正在一间房子里起草文件。一种不寻常的声响引起了他的警觉。他立即收藏文件，熄了灯，走出房间，从大门缝往外望，看见了渐渐逼近的军警。

情况万分危急，大门已经出不去了，而他的身上又有党的秘密文件。在这千钧一发之际，林育南迅速地回到房间，脱去长衫，换上原来准备的破衣烂裤，化装成乞丐，越墙逃出。在逃脱敌人魔掌后，他才得知，由于叛徒出卖，这个据点遭到了破坏。

此后，林育南化身湖北皮货商，搬到愚园路庆云里31号（现15号），并将此地设为"苏准会"的秘密机关。为掩护革命，根据党的地下工作需实行"机关家庭化"的要求，他和妻子李莲贞成为这"家"的"户主"。李莲贞原是上海恒丰纱厂工人，因参加夜校与林育南相识。两人于1925年10月结婚。李圣悦（即李平心）的妻子胡毓秀便与李莲贞以姑嫂相称。"家庭"成员还有左翼作家冯铿。他们在"皮货商大哥"的领导下，继续在敌人的眼皮底下积极开展地下工作。

"苏准会"机关是一幢三层楼的房子，完全按照旧式有钱人家布置。楼下是客厅，中间摆着两张四方红木桌子，供有一尊观音菩萨；两边摆了八把红木靠背椅子，墙壁上挂满了名人字画，俨然是个书香之家。二楼是林育南夫妇的寝室和工作室。三楼是其他工作人员的住室。窗台上摆放花盆，花盆在，表示主人在家，很安全；反之，就是主人不在家或出了事情。

林育南就在这个"家庭"里，夜以继日地工作着。

党中央十分关心"苏准会"的工作。周恩来、瞿秋白、李维汉、任弼时、恽代英、王稼祥和罗章龙等人常来与林育南商讨工作。特别是周恩来，经常来秘书处指导文件起草，在最后定稿的时候，常与林育南一起字斟句酌，反复推敲。

在周恩来领导下，林育南和"苏准会"秘书处工作人员不知疲倦地忘我工作，先后草拟了《宪法》《劳动法》《土地法》和经济政策、外交政策、肃反政策以及联合农民、士兵群众的策略等决议草案。这些文件，字字句句都凝结着周恩来、林育南和"苏

林育南与李莲贞合影

全国苏维埃代表大会
中央准备委员会机关
遗址旧景（今上海市
愚园路 259 弄 15 号，
原庆云里 31 号）

准会"秘书处工作人员的心血。

在"苏准会"工作期间，林育南时而装扮成流浪汉，时而变身为工人，时而是名流学者，时而又成为腰缠万贯的富商。他巧妙利用多种身份，沉着地与敌人周旋，无畏地战斗在敌人的心脏，完成了创建苏维埃的前期准备工作。

以"铁峦"的意志反对错误路线

1930 年 12 月初，一位不显眼的"商人"走出杭州车站，进了一家客栈，在登记簿上写道："李少堂，广告商人，路过杭州。"这位"广告商人"就是林育南。

全国苏维埃第一次代表大会的准备工作就绪后，林育南受党的重托，前往中央苏区，参加预定于 12 月 11 日召开的中华苏维埃第一次全国代表大会（后推迟到 1931 年 11 月举行）。然而，由于交通阻滞，他被迫滞留杭州。此时，他想起视如亲妹妹的战友陆若冰。

12 月 15 日，仍然无法启程的林育南给陆若冰写了一封长达 6 页的信，倾诉了自己焦急不安的心情：

> 若冰我妹！你觉得奇怪吧，如（为）何久无音信呢？我自己也觉奇怪，我今天处在此地，而且能忍耐到今天才写信

告你，真是"出外由外"，那（哪）能由得自己呢？这些时的生活，真是难写。因为校务改革的奋斗用尽了我一切的力量，才得到相当的成效，同时因为交通的困难，所以迟之又迟仍然留在这湖山的胜地。倘若"时人不识余心苦，将谓偷闲学少年"呵！在未离沪之前，真使生活矛盾极了，倘若不是因为校务的关系我早就要离开了，而且想飞快地离开……

这封信中所指的"校务改革"，便是暗指林育南参加的党内与李立三"左"倾冒险错误的斗争。

1930年春，李立三"左"倾冒险错误初露头时，首先遭到恽代英批评。林育南等人是恽代英的有力支持者。在3月20日至28日召开的中华全国总工会特派员会议上，林育南、张浩（林育英）、张昆弟和罗章龙等人又面对面与李立三展开了激烈争论。李立三在会上所作的政治报告中，认为中国革命高潮快要到来，提出当前中国职工运动的路线及中心任务是"组织政治罢工、同盟罢工"，农民运动的中心任务是"组织地方暴动"，士兵运动的中心任务是"要坚决地组织兵变，反对逃跑主义"等。

林育南等人不赞成这种观点。他们认为大革命失败后形成的敌大我小、敌强我弱的形势还没有根本改变，在国内资产阶级处于"稳定时期"、革命暂时处于低潮的情况下，党在白区的工作任务是利用合法斗争，保存和发展革命力量，不应该组织那些毫无胜利希望的"武装暴动和同盟罢工"；在组织政治罢工中要注意"肃清委派制度""肃清命令主义"和"纠正强迫罢工"等。

林育南等人的这些正确意见，不仅没有被李立三所接受，反遭指责。李立三在会上指名道姓地批评林育南、张浩（林育英）等人"右倾动摇""有右倾倾向"，并给他们扣上"右倾分子"的帽子。他强调党内的主要危险"是右倾"，执行党的策略中最大的障碍是"右倾危险"，提出必须在党内开展一个反右倾的斗争，"党内组织指导机关，要把右倾分子开除出去"。他还说："革命前途能否胜利，就要看能否战胜右倾的危险。"

会后，李立三"左"倾冒险错误继续发展。1930年6月，中共中央政治局通过了《新的革命高潮与一省或几省首先胜利》的决议，标志着李立三"左"倾冒险错误在中共中央取得了统治地位。由于李立三"左"倾冒险错误，党的许多优秀同志都成批地牺牲在敌人的屠刀下，给党造成了不可弥补的损失。

在这紧要关头，林育南挺身而出，与李立三"左"倾冒险错误思想和行动作坚决斗争。他在给一位战友的信中指出，搞飞行集会，搞暴动，不是一个好办法。他领导"苏准会"秘书处全体同志，发起了反对和抵制李立三"左"倾冒险错误的签名运动。他不仅在自己的职权范围内抵制和开展反对李立三"左"倾冒险错误的斗争，还四处奔走，联络何孟雄、李求实、龙大道和罗章龙等党和工会的一批领导骨干，用口头或书面形式一次又一次地向党中央反映意见，向共产国际写信，反对李立三"左"倾冒险错误，严肃指出李立三脱离群众，不顾主客观条件一味蛮干，实行冒险政策，到处搞暴动，"是泛暴动主义"。

9月8日，何孟雄起草了《政治意见书》，系统地阐述了反对李立三"左"倾冒险错误的意见。林育南是何孟雄的坚决支持者。支持何孟雄意见的还有罗章龙、史文彬、陈郁、张金保、龙大道等人。何孟雄被扣上了"右派""取消派暗探""一贯右倾机会主义"等帽子，并被撤销了江苏省委候补委员等职务。对此，林育南等人无比愤慨，写信给共产国际要求停止李立三"左"倾冒险错误并撤销对何孟雄的错误决定。

1930年9月，在瞿秋白、周恩来的主持下，党中央召开六届三中全会，结束了李立三"左"倾冒险错误的领导。随后，中央政治局正式作出了《关于何孟雄问题的决议》，肯定了何孟雄同志的意见，恢复了他的职务。

想到这些，林育南无比欣慰，为党恢复了马克思主义的路线，走上了正确的轨道而激动万分。他在给陆若冰的信中倾诉了自己在"校务改革"中的感受：

在最近校务改革的奋斗中发现了过去的缺点，此后，我当造成"山"一般的稳定，"铁"一样的顽强！好了，就以这自励，以后就叫我做"铁峦"吧！铁峦呵！好自为之！

直到 12 月 17 日，林育南才搭上了"一叶之舟"，向衢州"迟迟其行"，12 月 23 日，终于抵达衢州，住在党的地下联络站上营冯雨记饭店。次日，他又执笔给陆若冰写信：

最近校务改革的事你知道吗？这一切都是我很关心的事，倘若你最近来信告知，那我在千里之外的途中就不胜其慰快呵！

林育南在旅途中仍惦念着党的事业，是有原因的。1930 年冬，共产国际代表米夫来到中国，与王明沆瀣一气，起劲地鼓噪六届三中全会以后的党中央犯了调和主义的错误。王明打着"反对调和主义"等旗号，妄图夺党中央的权。林育南在启程前，对王明的活动已有察觉，这不能不使他忧心。

在衢州逗留数天后，林育南迅速西行抵达浙江通往赣东北苏区的咽喉——江山。此时，蒋介石正纠集 7 个师、10 万兵力，对中央苏区发动第一次反革命"围剿"，通往江西的一切道路均被

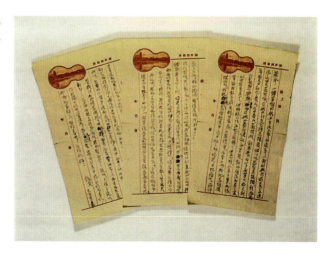

封锁，林育南只好被迫返回上海。

1930 年底，林育南匆匆回沪。这时，王明的宗派活动已十分猖獗。林育南顾不得旅途劳累，立即投入反王明"左"倾错误的斗争中。

对于王明，林育南并不陌生。大革命初期，林育南在武汉从事领导青年运动时，王明在武昌商科大学预科学习，积极参加革命活动，一直受到湖北共青团组织的关怀。在湖北共青团组织的关心培养下，王明思想进步较快，表现积极、活跃，还被推选担任了武昌学生联合会干事和湖北省青年团体联合会执行委员。1924 年秋，经林育南、梁仲明二人介绍，王明加入共青团。

1925 年秋天，莫斯科创办了"中国劳动者孙逸仙大学"，简称"中山大学"，旨在帮助中国培养革命干部。王明听到这个消息后，非常想到苏联学习。后经恽代英帮助，得以赴苏学习。王明在莫斯科 5 年，大学搞宗派主义；回国以后，不服从党组织的分配，害怕艰苦工作。他被租界巡捕逮捕后，为了活命，竟不惜暴露组织机关，以后被共产国际驻上海代表用重金保出。这种贪生怕死的行为，激起了包括林育南在内的广大党员的强烈不满，因而受到党的警告处分。就是这样一个怕死鬼，现在居然抛出《为中共更加布尔什维克化而斗争》的小册子，鼓吹一套比李立三更"左"的冒险错误，妄图领导中国共产党。

　　对此，林育南心急如焚，气愤地说："中国革命如果让他这个'挂羊头，卖狗肉'的家伙来领导，前途将不堪设想。"谁知 1 月 7 日，在中共六届四中全会（扩大）上，王明在米夫的支持下，用非常手段取得了在党中央的领导地位。

　　林育南被剥夺了参加这次会议的资格。他得知情况后，立即到张金保处了解会议情况：

　　"昨天的会是怎么开的？"

　　"哼，开得一肚子气！"张金保满脸怒气："通知我们是开紧急会议，开会时，突然宣布开四中全会。既然是全会，许多六大中委和候补中委又不让参加，而像王明这些吃过洋面包的非中央

中共六届四中全会旧址（今上海市武定路 930 弄 14 号，原武定路修德坊 6 号）

委员，反倒参加了。"

"会议结果如何？"

"王明上台了！"

"怎么开成这样的结果？真糟糕！"

"会是开得窝囊，但有什么办法？"张金保无可奈何地说："他们是多数，我们是少数！"

"什么你们是少数，他们是多数？王明不是中央委员，根本就没有表决权，有什么资格争多数？"林育南气愤地说。

张金保恍然大悟："哎呀，怎么搞的，当时我们都被气糊涂了，怎么没想起这个问题，真傻！"她懊悔极了。

林育南望着这位由纺纱工人成长起来的中央委员，语重心长地说："金保呀，你是中央委员，受党和人民的重托，那个会怎么能这样开呢？"

张金保对林育南的批评心悦诚服，急切地问："现已铸成大错，你看怎么办？"

林育南坚定地说："会是开过了，但中国革命绝不能让王明糟蹋。为了党的事业，我们要团结党内同志，坚持斗争。"

张金保（1897—1984）

从张金保住处出来，他急忙找何孟雄、李求实、龙大道、欧阳立安及罗章龙等工会和江苏省委机关负责人开会，坚决反对王明破坏党的纪律及践踏党内民主。

在反对王明"左"倾冒险主义的斗争中，林育南表现了一个共产党员鲜明的原则立场。1月10日，他给陆若冰写信，记述了当时的情况：

> 我这些时真是忙呵，每天总是到处跑，个人的许多事都放着，为的是要将校务彻底改造一番，虽然我们的努力已有相当的成效，然去我们的期望尚远得很，这是要长期的努力奋斗，当然不是马上可以成功的。

第二天是星期天，林育南又和陆若冰的堂妹陆育群一起到陆若冰处长谈。陆育群从苏联学习刚回国。她谈到王明在苏联的种种劣迹，更激起林育南的愤怒。林育南再也坐不下去了，连陆若冰准备的午饭也顾不得吃，便匆匆离去。

由于党内反对王明"左"倾冒险主义的声浪越来越大，特别是何孟雄、林育南等人要给共产国际写信，要求撤换米夫的呼声越来越高，使米夫坐卧不宁。为平息这一风波，四中全会后不几天，由米夫亲自出面，在英租界沪西的一栋花园洋房里，召集了

"反对派"的代表会议，故称"花园会议"。会上，米夫摆出共产国际代表的身份，吹捧王明"是个马列主义水平很高的布尔什维克，要信任他的领导"。他还说，"共产国际的指示是绝对正确的，四中全会体现了国际路线"，企图说服林育南、何孟雄等人放弃反对王明立场，服从共产国际指示。

米夫的强词夺理不能使人信服。林育南、何孟雄等人据理力争，阐述他们之所以反对王明的理由，将米夫驳得无言以答。他们一致要求共产国际代表以中国革命利益为重，定期召开党的七大或紧急会议，以解决党内争端。米夫恼羞成怒，扬言反对四中全会就是反党、反共产国际，要给予他们纪律处分。会后，以王明为首的临时党中央开除了林育南、何孟雄以及罗章龙等人的党籍（后因林育南、何孟雄等被捕，未作出书面决议），并处分了一批其他反对派。

1月15日，林育南在给陆若冰的信中，简单地叙述了当时的斗争情形：

> 我太忙了，几乎"废寝忘餐"，因此没有空来找你，请勿念！敌人与朋友之分者"几希"，这比拿着枪在阵地上开火还要残酷，"阶级的生活"决定要我如此。

1931 年 1 月 15 日，
林育南写给陆若冰
的信

　　林育南以敏锐的洞察力，看清了王明"左"倾冒险主义者
这个所谓"朋友"，与国民党当局——人民的敌人"之分者'几
希'"；同时感到这场斗争复杂，比与阶级敌人在阵地上开火还
要残酷。为着党的事业，他决心继续坚持斗争。

遭叛徒出卖英勇就义

　　1931 年 1 月 17 日下午 1 时许，林育南匆匆穿过南京路，朝
浙江路与三马路交叉口的东方旅社（原上海三马路 222 号，现汉
口路 613 号）走去。

　　东方旅社是一栋四层楼的洋房，为中共江苏省委秘密机关所
在地。自从王明上台以后，林育南、何孟雄等人常在这里开会，

东方旅社旧照

讨论反对王明"左"倾冒险主义问题。这天，他和几个同志相约来这里继续讨论。林育南走到旅社对面，观察了一下周围环境，没发现什么异样，便径直走进旅社31号房间，立即和其他6位同志开会。

1时40分，公共租界捕房探捕与国民党市警察局联合组成行动队，突然包围了东方旅社。原来，由于叛徒出卖，敌人早已注意到这里。林育南等7位同志，连会议的文件都来不及处理，就全部被捕了。

林育南画传

林育南等人被捕当天，敌人又在天津路 26 号中山旅社 6 号房间，逮捕了何孟雄、欧阳立安等 4 位同志，并在鸿运坊 152 号逮捕了汤士德、费达夫等人。第二天，李求实来到东方旅社，又遭不幸。中山旅社也有 3 位同志落入虎口。在短短几天中，共有林育南、何孟雄（江苏省委委员）、李求实（江苏省委委员、团中央宣传部部长）、欧阳立安（共青团江苏省委委员、上海总工会青工部部长）、龙大道（上海总工会秘书长）、柔石（出席"苏

李求实（1903—1931）

中山旅社（今上海市天津路 480 号）

代会"代表、左翼作家）、冯铿（"苏准会"秘书、左翼作家）、胡也频（左翼作家）、殷夫（左翼作家）等36名党的重要干部和无辜群众被捕。

林育南等人被捕后，先被拘禁于老闸捕房。1月19日，他们由北浙江路的公共租界特别法庭，引渡给国民党上海市政府总公安局。当天，国民党高等法院第二分院便迫不及待地开庭审讯，但是没能从林育南等人口中得到任何有用信息，遂于1月23日，将他们解送到龙华淞沪警备司令部看守所。

龙华淞沪警备司令部看守所位于上海西南郊，专门收押短期监押政治犯及一般刑事犯，是国民党当局的杀人魔窟。林育南等人刚被关进这杀人魔窟，手脚便铐上了铁镣。沉重而冰凉的铁镣，使他们的四肢受到极大摧残。他们没穿棉衣、棉裤，很多同志连线衣也没有，四肢冻得红肿，有的甚至流出了脓血……

林育南、何孟雄等人入狱后，得知看守所内秘密建有党支部，立即派李求实、柔石前去接洽。狱中党支部向党中央请示，王明竟指令不许与他们接头。狱中党支部的同志不知道四中全会以后的党内斗争情况，对他们一度产生了误会。然而，他们毫不气馁，本着对党的事业负责的态度，由林育南、李求实执笔，给中共中央写了一个很长的报告，详细汇报了他们被捕经过及斗争情况。

周恩来得悉此事后，立即组织营救，并经常派人以家属名义，前去探监，通过互济会给他们送去衣被、药品和钱。

狱中的林育南还用铅笔在一张破烂的白蒲纸上给陆若冰写了一封信：

若冰女士：

兹接友函，谓贵同乡李君于十七日被累，二十三日转龙华司令部，现在生活平安，请勿念。戚妹如要见他，可于每星期三（中午）12点至（下午）3点以亲戚名义到龙华司令部看守所要求会晤湖北黄陂人李少堂（广告商人）即可。如第一次不允见，送来之物（他要小说书）定可交到，且第二次必可接见也。案关政治，女戚或接见较便，请戚友放心可也。知注特闻。

信没有落款。陆若冰看着熟悉的字迹，热泪盈眶。28日是星期三，她一大早就赶到龙华警备司令部看守所，直等到下午3点。一个看守跑出来说："李少堂是政治犯，不准见，但可送东西进去。"

陆若冰立即将身上仅有的5块大洋交给看守。过了一会儿，这个看守带回了林育南亲笔写的一张收条。

收到大洋五元

谢谢，请下次送点小说诗歌等书及食物为荷

李少堂

一月二十八日

　　陆若冰强忍着泪水，收下这张便条后离开了看守所。她万万没有料到，这张便条竟成了林育南的绝笔。

1931年1月28日，化名李少堂的林育南在狱中给陆若冰写的收条

国民党当局通过叛徒很快搞清了林育南、何孟雄等人的真实身份，南京政府专门派来要员会同"处理"这批共产党"要犯"。在又一次审讯中，国民党"要员"奸笑道："你不叫李少堂，是林育南，'苏准会'的秘书长！"

　　林育南知道自己的身份已暴露，轻蔑地回答："你们既然知道，还问干什么？"

　　国民党"要员"得意扬扬地说："你们反对李立三，我们也反对李立三，咱们联合起来……"

　　没等敌人讲完，林育南便厉声痛斥："反对李立三，是我们共产党内部的事情，你们有什么资格？我们反李立三，是由于他没有很好地领导人民去消灭国民党反动派，包括你们这些走狗！"

　　此时的敌人终于撕掉了假面具，妄图用酷刑使林育南等同志屈服，烟熏火炙、鞭抽电触，无所不用其极。他们的身体受到极大摧残，但在严刑拷打面前，一个个志坚如钢、宁死不屈。

　　林育南、何孟雄等同志深知，国民党当局是绝不会放过他们的，因此没有心存任何侥幸心理，时刻准备牺牲生命。他们在监狱的墙壁上画了一面精致而鲜艳的红旗，庄严地将他们的名字一一写在上面。他们无比坚定地相信革命一定胜利，并激励难友们将斗争进行到底。

　　2月7日深夜，铁窗外飞舞着鹅毛大雪，狱中的通道呼啸着凛冽的寒风。突然，看守所所长带着大批士兵，打着手电涌进牢房。

"何孟雄！"

"林育南！"

……

看守所所长挨个点名。见此情形，林育南和其他被捕同志心里都明白了。他们整理好自己的衣服，将剩下的衣物统统分发给难友们，与他们挥手作别。何孟雄、林育南、李求实、欧阳立安、龙大道、胡也频、柔石、殷夫、冯铿等24名同志拖着沉重的铁镣，昂首挺胸走出看守所。寒夜的雪地上留下泥泞、斑驳的脚印……

当他们被押至看守所旁一块空地前的小桥附近时，预先在这里摆下桌案的敌人拿起照片，一一核对每个人的面孔，然后向他们宣判了死刑。

"起来，饥寒交迫的奴隶！

起来，全世界受苦的人！

……"

林育南等24位同志异口同声地唱起了《国际歌》。吓得执行官手忙脚乱地狂叫："执刑！快执刑！"

呼、呼、呼……刽子手将子弹射向24位同志，林育南和战友们壮烈地倒在被鲜血染红的雪地上。他们的牺牲，给党带来了不可估量的损失。

24位烈士英勇牺牲后，有人在关押他们的牢房墙壁上发现了一首诗：

龙华千古仰高风，

壮士身亡志未穷。

墙外桃花墙里血，

一般鲜艳一般红。

这是为纪念1931年2月7日被国民党反动当局杀害的24位革命烈士，一位狱友在床位上铺的墙上用铅笔题写的。

1945年4月20日，中国共产党第六届中央委员会扩大的第七次全体会议通过了《关于若干历史问题的决议》。这个文件，清算了王明"左"倾冒险主义，为林育南、何孟雄、李求实等24位烈士彻底平反昭雪，推倒了王明强加在他们头上的"右派"等一切诬蔑不实之词，明确指出："林育南、李求实、何孟雄等二十几个党的重要干部，他们为党和人民做过很多有益的工作，

由毛泽东主席签发的林育南烈士光荣纪念证

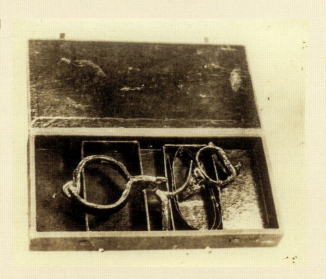

给林育南烈士使用的手铐与脚镣

同群众有很好的联系，并且接着不久就被敌人逮捕，在敌人的面前坚强不屈，慷慨就义。"

1949 年 10 月 1 日，中国人民在中国共产党的领导下，终于迎来了烈士们用鲜血换来的中华人民共和国的诞生。林育南等人梦寐以求的革命理想终于实现。

1950 年 3 月 22 日，中央人民政府内务部函告上海市人民政府，指示派人调查林育南、李求实、何孟雄、欧阳立安等 24 位烈士的坟址，明确指出，他们"都是中国无产阶级最优秀的战士，为了追悼革命烈士，希你府派员进行调查先烈等之坟址，详为勘验，如有塌毁之处，即予以修补，妥为保存为要"。上海市市长陈毅，副市长潘汉年、盛丕华立即发布命令，组织力量详为调查。同年 4 月，调查组克服重重困难，终于清理出烈士们的遗骸。

上海市人民政府决定将烈士们合葬在大场墓地。在公墓前，竖起了一块镌刻着烈士姓名的石碑。他们是：林育南、李求实、何孟雄、龙大道、恽雨棠、李文、蔡博真、伍仲文、欧阳立安、阿刚、胡也频、柔石、殷夫、冯铿、费达夫、汤士伦、汤士德、彭砚耕、王青士及 5 位佚名烈士。

为了永远纪念、学习林育南等烈士的伟大革命精神和崇高品质，教育子孙万代，1985 年，经中共中央办公厅和国务院办公厅批准，上海市委、市政府修建了龙华革命烈士陵园，将林育南等24位烈士的合墓从大场公墓移迁至此。合墓前的大理石碑上，镶嵌着24位烈士的遗像。

如今，春风和煦的时节，24位烈士用鲜血浇灌的桃林便会绽放成片的花朵，如轻纱薄雾般缭绕在龙华革命烈士纪念碑前。

安息吧，先烈们！你们为之奋斗的理想已然实现，如今这盛世，正如你们所愿……

林育南大事年表

1898 年

12 月 15 日　出生于湖北省黄冈县回龙区白羊山林家大湾。原名林毓兰，小名祚本，字湘浦，笔名林根、根、相拂等。

1904 年

入本村私塾读书。

1906 年

转杨鹰岭私塾读书。不久又转入东乡私塾，拜李卓侯先生（李四光的父亲）为师。

1911 年

考入黄州（现黄州市）一所新式学堂学习。

1915 年

秋　考入私立武昌中华大学中学部，编入第三班。

1917 年

10 月 22 日　经四班同学沈光耀（即沈仲清，恽代英内弟）介绍，结识恽代英，从此成为莫逆。

10 月　林育南参加恽代英发起组织的进步社团互助社，成为该社最活跃最坚定的一员。

1918 年

5月　和互助社社员一起，参加反对北洋政府与日本帝国主义签订的卖国条约《中日陆军共同防敌军事协定》的斗争。

5月下旬　与恽代英等互助社社员在武昌、汉口等地调查日货。

6月4日　与恽代英编写提倡国货的传单。

7月3日至15日　与恽代英、魏以新、汤济川、廖焕星等人去庐山旅行，畅游庐山名胜。

1919 年

3月初　与胡业裕、魏以新、汤济川成立"新声社"，创办《新声》半月刊，任主编。

5月6日　北京五四爱国运动的消息传到武汉，与恽代英谋印《四年五月七日之事》传单600份。

5月7日　中华大学召开运动会，《四年五月七日之事》传单广为散发。五四运动开始在武汉兴起。

5月17日　武汉学生联合会在中华大学正式成立，林育南被选为武汉学联会负责人之一，分管财务。

6月1日至3日　在恽代英、林育南等指导下，武汉学联响应北京学联的号召，领导武汉学生开展实行罢课斗争，遭军警镇压，发生"六一""六三"惨案。

6月10日 与恽代英等又积极号召商界罢市，支持爱国学生。当日，汉口罢市。12日，武昌罢市。

6月16日 全国学生联合会在上海成立。

7月15日 在全国学联会议上陈述了由恽代英起草的《武汉学生联合会提出对全国学生联合会意见书》。

10月20日 与廖焕星等发起"健学会"，宗旨为"改造自身，改造环境"，并确定"实践、奋斗、互助、坚忍、俭朴"为会员共同遵守之信条。在黄冈八斗湾创办浚新小学和通俗演讲社。

11月 与恽代英等在武昌筹建利群书社。

1920年

2月1日 利群书社在武昌横街头18号正式开张营业，这是当时武汉地区和长江中游传播马克思学说和新思想的重要基地之一。

9月 考入北京医学专科学校。

1921年

春 与林育英等恢复创办浚新小学，并与恽代英等集资创办了利群毛巾厂。

5月 与沈光耀联名致信恽代英，表示不同意共同生活的主张，表明他摒弃了无政府共产主义和新村主义错误思潮，开始信仰马克思主义。

7月16日至21日 与恽代英等在黄冈浚新小学召开会议，宣布成立共产主义性质的革命团体共存社。同年底，加入中国共产党。

12月 与施洋一起，领导了汉口租界人力车工人罢工斗争。罢工坚持七天，取得胜利。

12月下旬 作为中国青年代表，参加共产国际召开的远东各国共产党及民族革命团体第一次代表大会。

1922年

2月 与恽代英一起，介绍林育英入党。

5月 接替包惠僧，任中国劳动组合书记部武汉分部主任。

7月 与邓中夏等一起拟定了劳动法大纲，在全国发动劳动立法运动。

7月23日至28日 领导汉阳钢铁厂工人大罢工取得完全胜利，并成立武汉工团联合会，任秘书主任，总理一切事务。

9月9日 领导粤汉铁路工人罢工取得完全胜利。

10月10日 湖北全省工团联合会成立，任宣传科主任，施洋为法律顾问。这是全国成立最早的一个省级工会。同日，湖北省工团联合会的机关报《真报》创刊，任该报编辑之一。

10 月 16 日　与施洋等领导汉口英国香烟厂的工人罢工，并取得胜利。

1923 年

1 月 4 日　领导香烟厂工人举行罢工，再次取得胜利。

1 月 30 日　率领武汉 30 多个工团和新闻界、学生联合会等单位代表从江岸车站出发赴郑州参加京汉铁路总工会成立盛典。

2 月 4 日至 6 日　京汉铁路大罢工开始，组织各界援助罢工斗争，领导《真报》联络武汉各报编辑罢工"号外"。

2 月 7 日　二七惨案发生，林祥谦等 32 名工人壮烈牺牲。同日，湖北全省工团联合会被查封。当晚，军警逮捕了施洋。

2 月 15 日　组织人力车工人，冒险收殓施洋遗体，主持公祭后安葬于洪山；与项英一起，编辑出版《二七工仇》。

6 月 12 日至 20 日　出席在广州召开的中国共产党第三次全国代表大会。

8 月 20 日至 25 日　出席中国社会主义青年团第二次全国代表大会，被选为团中央执行委员，与邓中夏、卜世畸、刘仁静组成临时团中央局。

9 月 29 日　团中央召集第二届中央执委会第一次全体会议，与刘仁静、恽代英、邓中夏组成团中央局，任秘书。

1924 年

2 月　在"二七"周年纪念时，编辑出版了《施洋先生纪念录》。

4 月 23 日　任团中央驻鄂特派员，领导湖北的青年运动。

7 月 10 日　代理团中央局秘书。

9 月 25 日　任《中国青年》总编辑。

10 月 30 日　以团中央特派员的身份，由长沙去安源。

11 月 1 日至 12 日　在安源视察并指导工作。

1925 年

1 月　出席中国社会主义青年团在上海举行的第三次全国代表大会，与张太雷、恽代英、任弼时、陈乔年等被选为中央执行委员和候补执行委员。

5 月　接替张太雷任团中央书记。

1926 年

春　领导上海十五万丝厂工人举行同盟大罢工取得胜利。

9 月上旬　任中共湖北区委委员，主管中共湖北区委的宣传部门。

9 月 17 日　与项英、李立三等奉命成立中华全国总工会汉口办事处，负责领导湖北、安徽、江西、四川、湖南、河南 6 省的工人运动。

10 月 10 日　湖北全省总工会成立。

12 月　主持湖北全省总工会第一次代表大会预备会的筹备工作，后任大会秘书长。

1927 年

1 月 1 日至 10 日　湖北省全省总工会第一次代表大会召开，被选为总工会宣传主任。大会期间，组织领导了追悼"一三"惨案死难同胞暨反英示威游行运动大会，并收回英租界。

4 月 27 日至 5 月 9 日　出席在武汉召开的中国共产党第五次全国代表大会，被选为中央候补委员。

5 月 10 日至 16 日　出席在汉口召开的中国共产主义青年团第四次全国代表大会，被选为团中央执行委员。

5 月 16 日　任中华全国总工会秘书长。

5 月 20 日至 26 日　出席泛太平洋劳动大会，起草《太平洋劳动大会开幕词》。

6 月 19 日至 29 日　全总召开第四次全国劳动大会，任大会秘书长，并当选为大会执行委员。

6 月 30 日　全总新执委召开第一次全体会议，被选为常委、秘书长。

7 月 15 日　任中共湖北省委委员，负责宣传工作。

10 月 7 日　中共湖北省委再次调整，任湖北省委常委兼省委宣传部长。

11 月　代理中共湖北省委书记。

1928 年

1 月至 5 月　任中共沪东区委书记。

1929 年

春　抵达上海，从事全国总工会的领导工作和《中国工人》《工人宝鉴》《劳动》周刊和《全总通讯》等刊物的编辑工作。

初冬　乔装成南洋新加坡归国华侨，与张文秋结成假夫妻，在英租界设立秘密活动据点。

11 月 7 日至 11 日　任第五次全国劳动大会秘书长。会后，任全总编辑委员会主任，并代理全总秘书长。

1930 年

春　以德馨小学华校长的身份为掩护，开展秘密活动。

3 月 20 日至 28 日　全总在上海召开特派员会议，因抵制李立三"左"倾冒险错误受到错误打击。

5 月 5 日至 10 日　负责筹备全国苏维埃区域代表大会预备会议。

5 月 20 日至 23 日　全国苏维埃区域代表大会召开。会议讨论了建立中国苏维埃政府、红军的组织和苏区建设等问题。会议还决定成立全国苏维埃代表大会中央准备委员会，负责全国苏维埃代表大会的筹备工作。

9月24日至28日 中共中央召开六届三中全会，结束了李立三"左"倾冒险错误。此后不久，全国苏维埃代表大会中央准备委员会（简称"苏准会"）正式成立，任秘书长。

冬 在周恩来等领导下，"苏准会"秘书处草拟了《宪法》《劳动法》《土地法》和经济政策等文件，完成了全国苏维埃第一次代表大会的准备工作。

12月 赴江西中央苏区参加中华苏维埃第一次全国代表大会（后推迟到1931年11月举行），因通往江西的道路被封锁，于30日夜折返上海。

1931年

1月8日 与何孟雄、李求实、龙大道、张金保、罗章龙等全总和江苏省委负责人开会，反对王明破坏党的纪律，践踏党内民主，并向共产国际写信，要求撤换米夫，召开紧急会议，解决党内的分歧。为平息党内风波，米夫召集"反对派"开会，要求无条件服从。会后，被以王明为首的临时党中央开除党籍。（因被捕，未作出书面决议）

1月17日 因叛徒出卖在上海东方旅社被捕。

2月7日 被国民党军警秘密枪杀于龙华。

参考文献

1. 李良明：《林育南传记》，华中师范大学出版社 2018 年版。

2. 李良明：《林育南文集》，人民出版社 2014 年版。

3. 李良明：《恽代英全集》第 6 卷，人民出版社 2014 年版。

4. 罗章龙：《罗章龙回忆录》，美国溪流出版社 2005 年版。

5. 毛泽东：《毛泽东选集》第 3 卷，人民出版社 1991 年版。

6. 中共杨浦区委组织部、中共杨浦区委党史办公室、杨浦区档案局编：《奋斗：中共沪东地区斗争史（1923.7—1937.7）》，上海远东出版社 2000 年版。

7. 中共杨浦区委办公室、中共杨浦区委党史资料征集办公室、上海市杨浦区档案局（馆）编：《中共沪东地区党史大事记（1919.5—1949.5）》，1996 年 1 月编印。

8.《江苏革命斗争纪略（1919—1937）》，档案出版社 1987 年版。

9. 中共上海市杨浦区委组织部、中共上海市杨浦区委党史资料征集办公室、上海市杨浦区档案馆编：《中国共产党上海市杨浦区组织史资料（1923.7—1987.10）》，学林出版社 1991 年版。

后 记

  《林育南画传》是在《林育南传记》《林育南文集》基础上，结合画传编写要求，重新对框架结构和篇目进行设计，并对相关内容进行删减、补充而成。

  为此，我们着重做了三件事：一是对林育南同志的生平资料进行了系统搜集、梳理及考订，并去林育南烈士家乡进行了实地考察和探访；二是对林育南同志在上海的革命活动，尤其在沪东区委的工作情况进行了补充、完善；三是全面搜集了烈士遗照及相关的图片资料。

  在此过程中，我们先后得到了烈士家属林荣久先生的鼎力支持，得到了中共上海市杨浦区委党史研究室施关源同志的悉心指导，也得到了武汉二七纪念馆的热情帮助。在此一并致谢！

  受时间及水平所限，本书难免存在疏漏和不足，敬请广大读者批评指正。

作者

图书在版编目(CIP)数据

林育南画传/中共上海市委党史研究室,龙华烈士
纪念馆编;严亚南,李良明著. —上海:上海人民出
版社,2021
ISBN 978 - 7 - 208 - 17216 - 6

Ⅰ.①林… Ⅱ.①中… ②龙… ③严… ④李… Ⅲ.
①林育南(1898-1931)-传记-画册 Ⅳ.①K827＝6

中国版本图书馆 CIP 数据核字(2021)第 132754 号

责任编辑 刘　宇
封面设计 周伟伟

林育南画传
中共上海市委党史研究室
龙　华　烈　士　纪　念　馆　　编
严亚南　李良明　著

出　　　版　**上海人＆出版社**
　　　　　　　(200001　上海福建中路 193 号)
发　　　行　上海人民出版社发行中心
印　　　刷　上海中华印刷有限公司
开　　　本　720×1000　1/16
印　　　张　12.5
字　　　数　104,000
版　　　次　2021 年 7 月第 1 版
印　　　次　2021 年 7 月第 1 次印刷
ISBN 978 - 7 - 208 - 17216 - 6/K·3104
定　　　价　58.00 元